Max Lucado
YOU MADE MY DAY

Max Lucado

you made my day

Ein Überlebensguide für Teens

francke

Über den Autor:

Max Lucado wurde 1955 in Texas geboren. Er war Gemeindeleiter in Miami, ging dann als Missionar nach Brasilien und arbeitete anschließend als Pastor in San Antonio/USA. In etwa 20 Jahren hat er über 50 Bücher veröffentlicht, die mittlerweile eine Gesamtauflage von 33 Millionen erreicht haben.

Bibliografische Information Der Deutschen Bibliothek
Die Deutsche Bibliothek verzeichnet diese Publikation in der Deutschen Nationalbibliografie; detaillierte bibliografische Daten sind im Internet über http://dnb.ddb.de abrufbar.

ISBN 978-3-86827-418-9
Alle Rechte vorbehalten
Made Every Day Count, German
Copyright © 2007, 2012 by Max Lucado
Published in Nashville Tennessee, by Thomas Nelson, Inc.
German edition © 2013 by Verlag der Francke-Buchhandlung GmbH
35037 Marburg an der Lahn
Deutsch von Jokim Schnoebbe
Umschlagbild: © iStockphoto.com / Goldmund Lukic
Umschlaggestaltung: Verlag der Francke-Buchhandlung GmbH / Sven Gerhardt
Satz: Verlag der Francke-Buchhandlung GmbH
Druck und Bindung: CPI Moravia Books, Korneuburg

www.francke-buch.de

Inhaltsverzeichnis

Kapitel 1

Das wird ein super Tag!, dachte ich, während ich am Strand saß, den Wellen lauschte und die warme Sonne auf meiner Haut spürte. Ich atmete tief durch, machte es mir auf meiner Badeliege gemütlich und schloss die Augen.

Das war der Moment, in dem ein Vogel beschloss, meine Brust als Zielscheibe zu benutzen. Keine Warnung. Keine Sirenen. Kein: „Feuer frei!" Nur *platsch*.

Ich schaute gerade noch rechtzeitig auf, um zu sehen, wie die Möwe ihre Kumpel auf dem Zweig mit der Flosse – ich meine mit der Feder – abklatschte. Bäh! Dreimal goss ich Wasser über mein T-Shirt. Ich schleppte die Badeliege weg von den Bäumen. Ich tat alles, was in meiner Macht stand, um den Zauber des Morgens wiederzugewinnen, aber ich konnte mir die unangenehme Vogelüberraschung einfach nicht aus dem Kopf schlagen.

Eigentlich hätte es mir leichtfallen sollen: Die Wellen schwappten weiterhin ans Ufer. Die Wolken zogen noch immer vorbei. Das Meer verlor nicht sein Blau; der Sand verlor nicht sein Weiß. Die Blätter raschelten noch immer leise, und der Wind flüsterte vor sich hin. Aber mir ließ der Gedanke an die Möwen-Granate einfach keine Ruhe.

Blöder Vogel!

Vögel haben es so an sich, einem den Tag zu vermiesen, oder? Verlass dich drauf: An jedem Tag platscht ein Vogel.

Eltern streiten.

Lehrer nörgeln.

Schüler spotten.

Freunde vergessen.

Jeder Tag bringt Enttäuschungen und Anforderungen mit sich.

Und dann gibt es da noch die ganz trostlosen Tage. Jene Tage, an denen jedes Fünkchen Hoffnung von einer Krise ausgeblasen wird. Tage in Krankenhäusern und Rollstühlen, voller Krankheit und Kummer. Du wachst in derselben gruseligen Nachbarschaft oder demselben chaotischen Zuhause auf. Das Zeugnis, auf dem steht, dass du durchgefallen bist, steckt immer noch in deiner Schultasche, der eine Stuhl am Esstisch ist immer noch leer, die Erde auf dem Friedhof noch frisch umgegraben. Wer hat schon einen guten Tag an *solchen* Tagen?

Die meisten Leute nicht ... aber Moment mal – könnten wir es nicht zumindest versuchen? Haben nicht selbst die schlechtesten Tage eine Chance verdient? Ein Testspiel? Ein Torschießen? Ein Vorsprechen? Ein Vorsingen? Hat nicht jeder Tag verdient, etwas zu zählen?

Immerhin ist dies ja „der Tag, den der Herr gemacht hat; wir wollen uns freuen und fröhlich sein" (Psalm 118,24). Schon beim ersten Wort dieses Verses kratzen wir uns ungläubig am Kopf. „*Dies* soll der Tag sein, den der Herr gemacht hat?" Sicher, Feiertage sind Tage, die der Herr gemacht hat. Samstage sind Tage, die der Herr gemacht hat. Ostersonntage ... Geburtstage ... Urlaubstage – das sind die Tage, die der Herr gemacht hat. Aber ausgerechnet *dieser* Tag. Hat *den* wirklich der Herr gemacht?

„Dies ist der Tag" schließt jeden Tag mit ein. Schluss-gemacht-Tage, Prüfungstage, Umzugstage, Stubenarrest-Tage. Das-erste-Kind-zieht-aus-Tage.

»Dies ist der Tag« schließt jeden Tag mit ein.

Dieser letzte Punkt zog mir den Boden unter den Füßen weg. Überraschenderweise. Wir packten Jennas Sachen, beluden ihr Auto und ließen das uns seit 18 Jahren bekannte Leben hinter uns. Ein Kapitel endete. Ein Teller weniger auf dem Tisch, eine Stimme weniger im Haus, ein Kind weniger unterm Dach. Der Tag war notwendig. Der Tag war geplant. Aber der Tag machte mich fertig.

Ich war total durch den Wind. Als ich von der Tankstelle wegfuhr, ließ ich versehentlich den Tankstutzen im Tank stecken und riss den Schlauch mit einem Ruck von der Pumpe. Wir fuhren – ich blies Trübsal. Wir packten Jennas Sachen aus – ich schluckte meine Tränen herunter. Wir richteten ihr Zimmer im College ein – ich schmiedete Pläne, meine eigene Tochter zu kidnappen und sie nach Hause zu bringen, dorthin, wo sie hingehörte. Es fühlte sich an, als wäre mein Herz zu Eis erstarrt. Dann sah ich den Vers. Irgendein Engel muss ihn an die Pinnwand im Studentenwohnheim geheftet haben.

> Dies ist der Tag, den der Herr gemacht hat;
> wir wollen uns freuen und fröhlich sein.

Ich hielt inne, starrte und ließ die Worte sacken. Gott hatte diesen Tag gemacht, hatte diese schwere Stunde bestimmt, hatte die Einzelheiten dieses schmerzhaften Augenblicks festgelegt. Er hat nicht Urlaub. Er hat immer noch den Dirigentenstab in der Hand, sitzt immer noch im Cockpit und nimmt den einzigen Thron ein, den es im Universum gibt. Jeder Tag entspringt seinem Kopf. Auch dieser.

Also beschloss ich, dem Tag eine Chance zu geben, meine Sichtweise zu ändern und den Beschluss des Psalmisten zu meinem eigenen zu machen: „Dies ist der Tag, den der Herr gemacht hat; wir wollen uns freuen und fröhlich sein in ihm." Ups, da ist schon wieder so ein Wort, das wir gerne ändern würden: „in". Vielleicht könnten wir es gegen „nach" austauschen? Wir können uns *nach* dem Tag freuen. Oder „durch". Wir sind froh, wenn wir den Tag *durch*gestanden haben. „Hinter" würde auch gehen. Ich freue mich, wenn der Tag *hinter* mir liegt.

Aber sich *in* ihm freuen? Genau dazu lädt Gott uns ein. Paulus freute sich *im* Gefängnis; David schrieb seine Psalmen *in* der Wildnis; Jona betete *im* Bauch des Fisches; Paulus und Silas sangen *in* ihrer Zelle; Schadrach, Meschach und Abed-Nego blieben *im* Feuerofen unverletzt; Johannes sah den Himmel *in* seinem Exil; und Jesus betete *in* seinem Garten des Leidens ... Können wir uns mitten *in* diesem Tag freuen?

Stell dir vor, wie anders der Tag aussehen würde, wenn wir das könnten.

Mal angenommen, du steckst bis zum Hals in einem „abscheulichen, grässlichen, mistigen, ekligen Tag"[1] und entschließt dich, trotz allem etwas daraus zu machen. Du entschließt dich, nicht zu jammern und zu grübeln oder den Tag unter der Bettdecke versteckt zu verbringen, sondern ihm eine faire Chance zu geben. Du hast mehr Vertrauen. Bist weniger gestresst. Fährst den Lautstärkenregler deiner Dankbarkeit hoch. Schaltest dein Murren auf lautlos. Und was passiert dann? Ehe du dich versiehst, ist der Tag vorbei und war überraschend angenehm.

So angenehm sogar, dass du den Entschluss triffst, auch aus dem nächsten Tag etwas Vernünftiges zu machen. Er kommt mit seinen kleinen und großen Problemchen daher, mit seiner Vogelkacke und seinen T-Shirt-Flecken, aber im Großen und Ganzen funktioniert es wirklich, aus dem Tag etwas zu machen! Also machst du es morgen und übermorgen wieder. Und aus Tagen werden Wochen. Aus Wochen werden Monate. Aus Monaten werden Jahre voller guter Tage.

Vor einigen Jahren traf Nathan Burditt eines Tages eine folgenschwere Entscheidung. Er gab etwas ziemlich Cooles her. Er traf eine Entscheidung, die nicht nur die Tage der anderen veränderte, sondern auch seine eigenen.

ZEITUNGSBERICHT AUS NEW HAMPSHIRE

Geschenk eines Teens überrascht und inspiriert
Von John Whitson, Journalist

Letzte Woche wartete Nathan Burditt 34 Stunden lang vor einem Supermarkt in Hooksett, um sich die Sony PlayStation 3 zu kaufen.

Seine Geduld wurde belohnt, als er das heiß begehrte 600-Dollar-Gerät in den Händen hielt.

Dann verschenkte er es.

„Ich hatte ein gutes Gefühl dabei. Ich habe immer noch ein gutes Gefühl dabei", sagte der Zwölftklässler aus der Memorial High School gestern.

Die PlayStation 3 war für Mitschüler gedacht, von denen Nathan bis zu dieser Woche überhaupt nichts wusste. Genauer gesagt hätte Nathan wahrscheinlich einen Teil dieses Thanksgivings damit verbracht, die Feinheiten seines geschätzten Erwerbs auszutüfteln, wäre da nicht Christine Monathan gewesen. Die Lehrerin für Geschichte und Gemeinschaftskunde hat sich in letzter Zeit dafür eingesetzt, zusammen mit ihren Schülern Spenden für die Hudons zu sammeln.

Stephanie Hudon ist eine 15-jährige Zehntklässlerin, die sich gerade von Knochenkrebs in ihrem rechten Arm erholt.

„Viele Jugendliche würden in einem solchen Fall zu Hause auf der Couch liegen bleiben und ihr Schicksal beklagen, aber nicht Stephanie", sagte Frau Monathan. „Sie kommt jeden Tag zur Schule."

Stephanie hat immer noch mit den Nebenwirkungen der Chemotherapie zu kämpfen. Ihr Kopf ist in ein Tuch gewickelt und ihr Arm liegt noch in Gips. Sie geht immer schon einige Minuten früher als die anderen Schüler zur nächsten Unterrichtsstunde, um ihre zerbrechlichen Knochen vor dem Gedränge auf dem Flur zu schützen.

Noch schlimmer ist jedoch, dass bei Stephanies Bruder, Kevin Hudon, einem 18-jährigen Zwölftklässler, kürzlich Lymphknotenkrebs festgestellt wurde.

„Ich war sprachlos", berichtete Frau Monathan. „Ich konnte nicht fassen, dass diese Familie so etwas noch einmal durchmachen muss. Das sind wirklich ganz tolle Kinder. Sie und ihr Bruder – denen möchte man noch nicht mal einen schlechten Tag wünschen, geschweige denn Krebs."

Die Hudons leben zusammen mit zwei älteren Cousins bei ihrer Tante. Als bekannt wurde, dass die Familie finanzielle Hilfe benötigt, organisierten ihre Mitschüler eine Verlosung.

Als Frau Monathan davon hörte, dass Nathan Burditt vor dem Supermarkt campte, um sich die neue PlaySation zu erhaschen, scherzte sie, dass er sie ja der Verlosung spenden könnte.

Nathan überraschte sie mit seiner Antwort, dass er es sich überlegen wolle. Kurz darauf stellte Frau Monathan ihm Stephanie vor.

„Ich sagte nichts über ihre Situation", erklärte Frau Monathan. „Ich ließ ihn nur wissen, wer sie ist. Zwei Stunden später kam er zu mir zurück und sagte: ‚Sie können sie haben.'"

Samantha Allard war dafür zuständig, für die Verlosung zu werben und die Preise zu beschaffen. Frau Allard war von Stephanies Verhalten sehr berührt.

„Selbst nach ihrer Krebsbehandlung kam sie gleich wieder zur Schule, und immer hatte sie ein Lächeln für die anderen übrig", erzählte Frau Allard.

Schmuck, Sporttickets, ein Geschenkkorb mit Süßigkeiten und mehr wurden verlost, um Geld für die Hudons zu sammeln. Und dank Nathan Burditt machte sich ein glücklicher Gewinner mit einer nagelneuen, noch ungeöffneten PlayStation 3 davon.

Nathan spielte seine Nächsten-liebe herunter und sagte, er sei gar nicht so aufs Spielen versessen. Er jobbt 35 Stunden im Monat für 8,40 Dollar pro Stunde und er sagte, dass das Geld mit der Zeit schon wieder zusammenkommen würde.

„Ich habe schon Schweres erlebt", berichtet er mit einem Schulterzucken. „Ich habe gesehen, was Krebs mit Familien anstellen kann."

Was Nathan nicht sagt, ist, dass er bereits seiner eigenen Sterblichkeit ins Auge geschaut hat, und diese Erfahrung ist es wohl gewesen, die seine Prioriäten zurechtgerückt hat. Der 18-Jährige hatte letzten Sommer eine Herzoperation.

„Ich glaube, er hatte einen dieser Momente, wo man sich fragt, worauf es im Leben wirklich ankommt", sagte Frau Monathan.

Nathans selbstlose Spende ließ Stephanie gestern erstrahlen.

„Ich bin so froh, dass jemand tatsächlich an andere denkt", sagte sie, „und ich bin ihm unglaublich dankbar."[2]

Deine Zeit, ein offenes Ohr, ein Gebet oder sogar eine PlayStation zu schenken, kann zu einem ziemlich guten Tag führen – für dich und den Beschenkten. Bevor du dich versiehst, reihen sich diese ziemlich guten Tage aneinander und bauen sich zu ziemlich guten Jahren und einem ziemlich guten Leben auf.

Eine Stunde ist zu kurz, ein Jahr zu lang. Tage sind die mundgerechten Happen des Lebens, die von Gott geschaffenen Abschnitte des Lebens.

Tage sind die mundgerechten Happen des Lebens.

84.000 Herzschläge.

1.440 Minuten.

Eine komplette Erdumdrehung.

Ein Kreis auf der Sonnenuhr.

Zwei Dutzend Durchläufe in der Sanduhr.

Ein Sonnenaufgang *und* ein Sonnenuntergang.

Ein funkelnagelneuer, blitzeblanker, unberührter und unbenutzter Tag!

Ein Geschenk von 24 Stunden, die darauf warten, gelebt und entdeckt zu werden.

Und wenn du einen guten Tag nach dem anderen aneinanderreihst, entsteht eine Kette guten Lebens.

Allerdings darfst du etwas nicht außer Acht lassen.

Dein Gestern gibt es nicht mehr. Es ist dir im Schlaf entglitten. Es ist weg. Du kannst es nicht verändern oder verbessern. Der Sand in der Sanduhr fließt nicht nach oben. Der Sekundenzeiger an der Uhr wird nicht rückwärts ticken. Der Monatskalender wird von links nach rechts gelesen, nicht von rechts nach links. Den gestrigen Tag gibt es nicht mehr.

Dein morgiger Tag ist noch nicht da. Sofern du nicht die Umlaufbahn der Erde beschleunigst oder die Sonne dazu bringst, zweimal aufzugehen, bevor sie einmal untergeht, kannst du den morgigen Tag nicht schon heute leben. Du kannst nicht schon das Geld von morgen ausgeben, die Erfolge von morgen feiern oder die Rätsel von morgen lösen. Du hast nur heute. *Dies* ist der Tag, den der Herr gemacht hat.

Lebe jetzt. An diesem Tag. Um zu gewinnen, musst du gegenwärtig sein. Ärgere dich nicht über die Fehler von gestern und mach dir nicht heute die Sorgen von morgen! Neigen wir nicht alle dazu, genau das zu tun?

Wir machen das mit unserem Tag, was ich einmal bei einer Fahrradtour gemacht habe. Zusammen mit einem Freund knüpfte ich mir eine lange Strecke über bergiges Gelände vor, doch bereits nach wenigen Minuten war ich erschöpft. Innerhalb einer halben Stunde fühlten sich meine Oberschenkel an wie Gummi und meine Lungen rangen nach Atem wie ein gestrandeter Wal. Ich konnte die Pedale kaum noch herunterdrücken. Ich bin zwar kein Anwärter für die Tour de France, aber ich bin auch kein Anfänger – fühlte mich jedoch wie einer. Nach einer Dreiviertelstunde musste ich absteigen, um zu verschnaufen. Da entdeckte mein Kumpel das Problem. Beide Bremsbeläge schliffen an meinem Hinterreifen! Gummigriffe bekämpften jeden einzelnen Pedaltritt. Da konnte die Fahrt ja nur schwierig sein.

Tun wir nicht dasselbe? Schuldgefühle drücken gegen die eine Seite. Furcht drückt gegen die andere Seite. Wir sabotieren unseren Tag, schleppen die Nöte von gestern mit uns herum, downloaden bereits die Herausforderung von morgen. Wir geben dem heutigen Tag nicht den Platz, den er verdient.

Doch wie kann man das ändern? Wie macht man das? Hier mein Vorschlag: Sprich mit Jesus. Derjenige, der „alt ist an Tagen", hat etwas über unsere Tage zu sagen. Jesus benutzt die Wörter „Tag" und „heute" nicht oft in der Bibel. Doch die wenigen Male, wo er sie gebraucht, bieten sie uns ein leckeres Rezept, wie wir jeden unserer Tage zu einem 5-Sterne-Gericht machen können.

Lass deinen Tag von seiner Gnade bestimmen.

„Da antworte Jesus: ‚Ich versichere dir: Heute noch wirst du mit mir im Paradies sein'" (Lukas 23,43).

Vertraue deinen Tag seinem Schutz an.

„Unser tägliches Brot gib uns Tag für Tag" (Lukas 11,3).
Akzeptiere seinen Plan für dich.
„Wenn einer von euch mit mir gehen will, muss er sich selbst verleugnen, jeden Tag aufs Neue sein Kreuz auf sich nehmen und mir nachfolgen" (Lukas 9,23).

Gnade. Schutz. Plan.

Lass diesen Tag wertvoll sein. Fülle ihn mit Gott.
Gib dem Tag eine Chance. Und während du dabei bist,
halte ein Auge offen für die Möwe mit ihrem frechen Grinsen.

Muntermacher für den Tag

Das nächste Mal, wenn wieder mal alles schiefläuft, checke deine Einstellung mit diesen drei Fragen:

1. Fühle ich mich wegen etwas schuldig?
2. Mache ich mir über etwas Sorgen?
3. Was ist heute dran?

Diese Denkanstöße sollen dir bei deinen Antworten helfen:

- Gestern ... vergeben.
- Morgen ... abgegeben.
- Heute ... klargegeben.

Jesu Plan für einen guten Tag leuchtet vollkommen ein. Seine Gnade löscht die Schuld von gestern, sein Schutz nimmt uns die Angst vor heute, und sein Plan gibt uns Sicherheit für morgen.

Kapitel 2

Auszug aus dem Tagebuch eines Hundes:

8.00 Uhr	Wow, Hundefutter – meine Lieblingssache!
9.30 Uhr	Wow, Auto fahren – meine Lieblingssache!
9.40 Uhr	Wow, Gassi gehen – meine Lieblingssache!
10.30 Uhr	Wow, noch mal Auto fahren – meine Lieblingssache!
11.30 Uhr	Wow, mehr Hundefutter – meine Lieblingssache!
12.00 Uhr	Wow, die Kinder – meine Lieblingssache!
13.00 Uhr	Wow, der Garten – meine Lieblingssache!
16.00 Uhr	Wow, die Kinder werfen Stöckchen – meine Lieblingssache!
17.00 Uhr	Wow, wieder Hundefutter – meine Lieblingssache!
17.30 Uhr	Wow, Frauchen – meine Lieblingssache!
18.00 Uhr	Wow, Ballspielen – meine Lieblingssache!
20.30 Uhr	Wow, in Herrchens Bett schlafen – meine Lieblingssache!

Ausschnitt aus dem Tagebuch einer Katze:

Tag 283 meiner Gefangenschaft. Meine Kidnapper nerven mich weiterhin mit kleinen bimmelnden Spielzeugen. Sie beköstigen sich verschwenderisch mit frischem Fleisch, während ich gezwungen bin, trockenes Getreidezeug hinunterzuwürgen. Bei Kräften gehalten werde ich nur durch die Hoffnung auf meine Flucht und durch die kaum nennenswerte Freude, die ich beim Zerkratzen ihrer Möbel empfinde. Vielleicht verspeise ich morgen zur Abwechslung auch mal wieder eine Hauspflanze. Heute Morgen habe ich versucht, meine Kidnapper umzubringen, indem ich mich zwischen ihren Füßen hindurchschlängelte, als sie gerade am Laufen waren. Hätte fast geklappt. Aber leider nur fast ... Sollte diese Strategie am oberen Treppenabsatz ausprobieren. In der Hoffnung, dass sie mich deshalb vielleicht loswerden wollen, habe ich mich mal wieder dazu gebracht, auf ihren Lieblingssessel zu kotzen. Muss das unbedingt mal auf ihrem Bett ausprobieren. Um meinen teuflischen Charakter zu demonstrieren, habe ich eine Maus enthauptet und den kopflosen Körper auf dem Küchenboden deponiert. Doch statt mich hinauszuschmeißen, haben sie nur anerkennend genickt, mir den Kopf getätschelt und mich ein „kräftiges kleines Kätzchen" genannt. Hmmm – so hatte ich mir das eigentlich nicht vorgestellt. Als sie sich mit ihren Handlangern versammelten, wurde ich in Isolationshaft gesteckt. Ich hörte zufällig, dass meine Isolationshaft etwas mit meiner Allergiekraft zu tun habe. Muss unbedingt herausfinden, was das ist und wie ich sie für meine Zwecke nutzen kann.

Ich bin überzeugt, dass meine Mitgefangenen Bedienstete sind, vielleicht sogar Spione. Der Hund wird regelmäßig freigelassen und kommt freiwillig wieder zurück, naiv und glücklich. Der ist ohne Frage dumm wie Stroh. Der Vogel spricht regelmäßig mit den Menschen. Ist bestimmt ein Informant. Ich bin mir sicher, dass er ihnen jede meiner Bewegungen mitteilt. Aufgrund seines momentanen Aufenthaltsortes im Käfig ist für seine Sicherheit vorläufig noch gesorgt, aber ich kann warten. Es ist nur eine Frage der Zeit – aber dann ...[3]

Der Tag eines Hundes. Der Tag einer Katze. Der eine ist zufrieden mit sich und der Welt, die andere duldet die Situation nur. Der eine lebt im Frieden, die andere im Krieg. Der Hund ist dankbar, die Katze mürrisch. Beide unter demselben Dach. Unter denselben Umständen. Mit demselben Herrchen. Und doch haben die beiden zwei total unterschiedliche Einstellungen.

Welches Tagebuch ist deinem ähnlicher? Würde man deine stillen Gedanken öffentlich bekannt machen, wie oft würde dann der Satz „Wow, meine Lieblingssache" auftauchen?

„Wow, Sonnenaufgang – meine Lieblingssache!"

„Wow, Frühstück – meine Lieblingssache!"

„Wow, Hausaufgaben – meine Lieblingssache!"

„Wow, Zimmer aufräumen – meine Lieblingssache!"

„Wow, zum Zahnarzt – meine Lieblingssache!"

Na gut, nicht einmal ein Hund würde einen Zahnarztbesuch genießen. Aber wollen wir nicht alle eigentlich mehr von unserem Tag genießen? Das können wir auch. Fang mit Gottes Gnade an! Wenn wir seine Vergebung annehmen, wird aus unserem Motz- und Meckertag ein Tag der Dankbarkeit.

Fang mit Gottes Gnade an.

Dankbarkeit war es, die Matthews Tag rettete – nicht weil er selbst dankbar war, sondern weil sich jemand anders für Dankbarkeit statt Bitterkeit entschied.

Ich habe einen Cousin, Stephen, der in die gleiche Klasse geht wie ich. Er ist viel cooler als ich – ist ständig von Freunden umgeben und hat eine Freundin, die beim Mittagessen in der Schule immer an seiner Seite sitzt. Letzte Woche im Englischunterricht kramte Stephen eine Dose Kautabak hervor. Die ganze hintere Reihe der Klasse sah es; dann drehten sie sich alle in meine Richtung und warfen mir vielsagende Blicke zu. *Na super*, dachte ich. *Was soll ich denn jetzt tun? Meine Klappe halten? So tun, als wär das nicht so wild?*

„Weg damit", flüsterte ich. „Wenn du erwischt wirst, fliegst du von der Schule!"

Er runzelte die Stirn und verdrehte die Augen. Ich kannte den Blick, und der besagte: „Idiot!"

Nach der Stunde umringten mich einige von denen, die ihn gesehen hatten. „Du musst das den Lehrern sagen", drängten sie mich. Ich wusste nicht, was ich machen sollte. Ich wusste, dass er höchstwahrscheinlich von der Schule fliegen würde, wenn ich es den Lehrern sagte. Aber ich wusste auch: Wenn ich es nicht tat, dann machte es eben jemand anderes, also würde er in jedem Fall Schwierigkeiten bekommen.

An dem Nachmittag erzählte ich meinem Dad davon, da er und Stephens Dad Brüder sind. Mein Dad ist kein Mann vieler Worte. „Ich kümmere mich darum", sagte er. Und ich wusste, dass ich mich darauf verlassen konnte.

Meine Mom spürte, dass ich mir wahnsinnig Sorgen machte. Sie sprach mir Mut zu, dass ich das ganz richtig gemacht hatte, dass ich zuerst Stephen angesprochen und dann erst den nächsten Schritt gemacht hatte. Aber ich wusste auch, dass Stephen das anders sehen würde. Er würde ziemlich was zu hören bekommen, und morgen würde ich ihm in der Schule wieder begegnen ...

Die mögliche Szene lief wie ein Film in meinem Kopf ab: *Vielleicht spricht er nie wieder ein Wort mit mir, dem Cousin, der ihn verpetzt hat. Oder vielleicht werden er und seine coolen Freunde hinten in der Klasse mir Ausdrücke wie „Petze" oder „Schleimer" ranwerfen. Oder noch besser, vielleicht wird er einfach auf mich zukommen und mir vor allen eine reinhauen.*

Am nächsten Tag in der Schule kam er auf mich zu. Ich zuckte zusammen. Er lächelte, legte mir seinen Arm um die Schulter und sagte: „Danke, dass du was gesagt hast, bevor ich erwischt wurde. Wahrscheinlich hast du mich davor gerettet, von der Schule zu fliegen. Du bist der beste Cousin, den man sich vorstellen kann." Ich war wie vom Blitz getroffen. Ich war mir so sicher gewesen, dass er mich hassen würde, doch stattdessen hatte er sich entschieden, auf das Positive zu schauen, das sich aus dem Ganzen ergeben hat.

Matthew, 13 Jahre

Dankbarkeit kann einen Tag, eine Freundschaft oder eine Familie völlig umkrempeln. Dankbarkeit entsteht aus Gnade. Sie zeigt sich bei denjenigen, denen vergeben worden ist. Dankbarkeit ist für Jesus so wichtig und selbstverständlich, dass er darüber erschrak, als sie bei den zehn Männern, die er heilte, ausblieb.

Auf seinem Weg nach Jerusalem gelangte Jesus an die Grenze zwischen Galiläa und Samaria. Als er dort in ein Dorf kam, standen in einiger Entfernung zehn Aussätzige und riefen: „Jesus, Meister, hab Mitleid mit uns!" (Lukas 17,11-13).

Aussätzige. Ein zusammengedrängter Haufen halb verschleierter Gesichter und gekrümmter Leiber. Wer konnte schon sagen, wo eine Gestalt aufhörte und die nächste anfing, während sie sich aufeinanderstützten? Aber auf wen sollten sie sich auch sonst stützen?

Ihr Erscheinungsbild stieß die Menschen ab: Beulen an Wange, Nase, Lippe und Stirn. Geschwüre an ihren Stimmbändern machten ihre Stimmen zu einem krächzenden Keuchen. Unter den haarlosen Augenbrauen starrten zwei leere und trostlose Augen hervor. Muskeln und Sehnen verkrampften sich so sehr, dass ihre Hände wie Klauen aussahen. Die Leute machten einen großen Bogen um die Aussätzigen.

Aber Christus hatte Mitleid mit ihnen. Als die Leute vor den zehn Aussätzigen zurückwichen, trat der Meister hervor: „Geht und zeigt euch den Priestern." Sie machten sich auf, und während sie gingen, verschwand ihr Aussatz (siehe Lukas 17,14).

Wärst du bei diesem Wunder nicht auch gerne mit dabei gewesen? Keine Therapie. Keine Behandlung. Keine Medikamente. Einfach nur ein Gebet an einen Mann gerichtet, und BAMM! Vollkommene Heilung. Knorrige Hände werden wieder gerade. Offene Wunden heilen zu. Kraft pulsiert durch die Adern. Zehn Kapuzen, die nach hinten fliegen, und zehn Krücken, die auf den Boden fallen. Ein Häufchen Elend wird zu einer springenden, hüpfenden Meute, nur so strotzend vor Gesundheit.

Kannst du dir vorstellen, wie sich die Aussätzigen fühlten? Wenn du an Jesus glaubst, kannst du das. Was er für die Aussätzigen körperlich getan hat, das hat er für dich geistlich getan.

Sünde macht aus uns allen Aussätzige, verwandelt uns in geistliche Leichen. Paulus schrieb den Christen in Ephesus: „In der Vergangenheit wart ihr tot, denn ihr wart Gott ungehorsam und habt gesündigt" (Epheser 2,1). Die Gedanken der Leute, die Gott nicht kennen, meinte Paulus, sind völlig wertlos: „Ihr Verstand ist verdunkelt und sie haben keinen Zugang mehr zum wahren Leben, zu Gott" (4,17-18).

Das klingt ja wirklich düster:
Tot durch Sünde.
Wertlose Gedanken.
Verdunkelter Verstand.
Getrennt von Gott.

Leichenbeschauer geben heiterere Berichte ab als dieses Fazit. Aber Paulus war noch nicht fertig. Getrennt von Christus sind wir „ohne Gott und ohne Hoffnung" (Epheser 2,12), „von unserer menschlichen Natur beherrscht" (Römer 7,5) und Sklaven Satans (siehe 2. Timotheus 2,26). Was Jesus in den Körpern der Aussätzigen sah, sieht er in den Seelen der Sünder: totale Verwüstung. Aber was er für sie tat, tut er auch für bereitwillige Herzen: „Doch Gott ist so barmherzig und liebte uns so sehr, dass er uns, die wir durch unsere Sünden tot waren, mit Christus neues Leben schenkte" (Epheser 2,4-5).

Er schließt die offenen Wunden unseres Herzens und begradigt die gekrümmten Glieder unseres Inneren. Er tauscht unsere zerfetzten Sünden-Klamotten gegen ein reines Gewand aus. Er heilt noch immer. Und er wünscht sich noch immer Dankbarkeit von uns.

Einer von den Geheilten kam zu Jesus zurück und rief: „Dank sei Gott, ich bin geheilt!" Und er fiel vor Jesus nieder und dankte ihm. Dieser Mann war ein Samariter. Jesus fragte: „Sind nicht zehn Menschen geheilt worden? Wo sind die anderen neun? Kehrt nur dieser Fremde zurück, um Gott die Ehre zu geben?" (Lukas 17,15-18).

Der Aussätzige, der zurückkam, zog Jesu Aufmerksamkeit auf sich. Genauso bemerkte Jesus die Abwesenheit der anderen. Übersieh nicht die Schlagzeile dieser Story: Gott bemerkt ein dankbares Herz. Warum tut er das? Muss etwa sein Ego aufgepäppelt werden? Bestimmt nicht. Aber unseres hat es nötig. Dankbarkeit lenkt unseren Blick von dem ab, was uns fehlt, auf das Gute, das wir bereits haben. Nichts fegt den eisigen Winter so aus unserem Tag wie eine heiße karibische Brise der Dankbarkeit.

Gott bemerkt ein dankbares Herz

Mach die Gnade Gottes zu deinem Hauptfach. Als Paulus Timotheus auf seine geistliche Uni schickte, sagte er ihm, dass er seinen Schwerpunkt auf die Gnade Gottes legen sollte: „Du nun, mein Kind, *sei stark in der Gnade*, die in Christus Jesus ist" (2. Timotheus 2,1).

Mach es so wie Timotheus. Konzentriere dich aufs Kreuz. Man kann so leicht abgelenkt werden, so leicht undankbar werden. Man kann so leicht den Fehler von Scott Simpsons Golfcaddie machen.

Scott ist ein professioneller Golfer, der häufig bei einem Golfturnier in Augusta teilnimmt. Augusta ist für Golfer das, was *Der Herr der Ringe* für Fantasy-Leser ist: *das* ultimative Erlebnis. Der Golfplatz explodiert nur so vor Schönheit. Man könnte glauben, man sei in ein Ölgemälde hineinspaziert. Die Gärtner hübschen den Platz auf, als sei er eine Braut am Hochzeitstag. Als Scott seinem Caddie den perfekten Golfrasen beschrieb, bemerkte er: „Du wirst diese Woche kein einziges Unkraut sehen."

Stell dir Scotts Überraschung vor, als sein Caddie am Sonntag, nach fünf Tagen auf dem Platz, auf den Boden zeigte und verkündete: „Ich habe eins gefunden!"

Tun wir nicht dasselbe? Wir leben im Garten der Gnade. Gottes Liebe sprießt um uns hervor wie der Flieder und überragt uns wie ein Mammutbaum. Aber wir müssen uns ja unbedingt auf Unkrautjagd machen. Wie viele Blumen übersehen wir dabei?

Wer immer dreimal hinschaut, findet auch irgendwann etwas zum Motzen. Also hör auf, danach zu suchen! Dem Caddie entging all das Gute, die Schönheit des Platzes, weil er sich zu sehr darauf konzentrierte, das Schlechte zu finden, das Unkraut. Stell die Unkrautjagd ein! Konzentriere dich auf die Blumen und mach die Gnade Gottes zu einem deiner wichtigsten Fächer.

Erinnere dich an die Gaben Gottes. Sammle das Gute. Katalogisiere Gottes Freundeserweise. Leg dir eine Liste mit den Dingen an, für die du dankbar bist, und sprich sie dir laut vor. „Seid immer fröhlich. Hört nicht auf zu beten. Was immer auch geschieht, seid dankbar, denn das ist Gottes Wille für euch, die ihr Christus Jesus gehört" (1. Thessalonicher 5,16-18).

Erinnere dich an die Gaben Gottes.

Schau dir mal die Absolutheit dieser Begriff an. Sei *immer* fröhlich. *Hör nicht auf* zu beten. Was *immer* auch geschieht, sei dankbar. Nimm dir ein Beispiel an Sidney Connell. Als ihr nagelneues Fahrrad gestohlen wurde, rief sie ihren Dad an, um ihm die schlechte Nachricht mitzuteilen. Er erwartete, dass seine Tochter wütend und traurig sein würde. Aber Sydney weinte nicht. Sie fühlte sich geehrt. „Dad", prahlte sie, „von allen Fahrrädern, die sie hätten stehlen können, haben sie meins genommen."

Dankbarkeit ist immer eine Option. Matthew Henry machte sie sich zu eigen. Als dieser berühmte Gelehrte von Dieben überfallen und ausgeraubt wurde, notierte er in seinem Tagebuch: „Zunächst einmal will ich dankbar sein, erstens, weil ich noch nie zuvor ausgeraubt worden bin; zweitens, weil sie mir zwar meine Brieftasche genommen haben, jedoch nicht mein Leben; drittens, weil sie zwar alles nahmen, was ich bei mir hatte, es aber nicht viel wert war; und viertens, weil ich das Opfer war, das ausgeraubt wurde, und nicht der Täter, der geraubt hat."[4]

Brauchst du etwas mehr Spannung in deinem Alltag? Danke Gott für jedes Problem, das dir über den Weg läuft. Gibt es Situationen, die so unangenehm sind, dass man unmöglich dafür dankbar sein kann? Einige Teilnehmer einer Glaubenskonferenz für Frauen waren dieser Meinung. Die Vorsitzende, Mary Graham, erzählte mir von einem Wochenende, bei dem es nicht genug Platz für die Besucher gab.

Der Veranstaltungssaal hatte 150 Sitzplätze weniger, als benötigt wurden. Die Mitarbeiter hatten das Problem zu lösen versucht, indem sie schmale Stühle aufstellten. Dadurch hatte zwar jeder einen Sitzplatz, aber es ging etwas eng zu. Beschwerden füllten die Luft wie schlechtes Parfüm. Mary fragte Joni Eareckson Tada, die Sprecherin an dem Abend, ob sie die Menge beruhigen könnte. Sie war die absolut richtige Frau dafür. Ein Tauchunfall in ihrer Kindheit hatte sie an den Rollstuhl gefesselt. Einige Mitarbeiter rollten sie auf die Bühne und Joni wandte sich an die mürrische Menge: „Ich bin mir bewusst, dass einigen von euch der Stuhl nicht gefällt, auf dem ihr sitzt. Mir gefällt meiner auch nicht. Aber ich habe ungefähr tausend behinderte Freunde, die liebend gern den Platz mit euch tauschen würden."

Die Nörgelei verstummte schlagartig.

Deine kann auch zum Schweigen gebracht werden, indem du dich auf Gottes Gnade konzentrierst. Mach dir die Gaben Gottes bewusst. Erinnere dich daran, was Gott schon Gutes in deinem Leben getan hat. Wer weiß, was du noch alles in dein Tagebuch schreiben wirst:

- „Montag, wow – mein Lieblingstag!"
- „Arbeit schreiben, wow – meine Lieblingssache!"
- „Zeugnisse, wow – meine Lieblingssache!"

Unmöglich, sagst du? Woher weißt du das? Hast du es denn schon mal ausprobiert, jedem Tag eine Chance zu geben?

Achte auf deine Gedanken,
denn sie entscheiden über dein Leben.
Sprüche 4,23

Muntermacher für den Tag

Zwei unterschiedliche Stimmen ringen heute um deine Aufmerksamkeit. Die negative Stimme füllt deine Gedanken mit Zweifeln, Bitterkeit und Angst. Die positive Stimme gibt dir Hoffnung und Kraft. Auf welche willst du hören? Du hast da auf jeden Fall eine Wahl. „Jeden Gedanken, der sich gegen Gott auflehnt, nehme ich gefangen und unterstelle ihm dem Befehl von Christus" (2. Korinther 10,5).

Lässt du jeden sofort rein, der bei dir an die Tür klopft? Natürlich nicht. Also lass auch nicht jeden Gedanken in deinem Kopf Wurzeln schlagen, der gerade auftaucht. Bezwinge ihn ... lehre ihn, Christus zu gehorchen. Leistet der Gedanke Widerstand, dann denke ihn nicht.

Negative Gedanken stärken dich nie. Wie oft hast du schon Pickel durch dein Murren wegbekommen? Verschwinden die schlechten Noten, weil du dich über sie pausenlos aufregst? Warum über deine Leiden und Wehwehchen, Probleme und Aufgaben meckern?

Sag lieber „Ja" zum Geschenk der Dankbarkeit. Dann wirst du erleben, wie Gott aus deinen Tagen etwas macht, was sich sehen lassen kann.

Kapitel 3

Vergebung für Tage, an denen man dir übel mitspielt

Liebst du es nicht auch, dein Zimmer aufzuräumen? Naja. Nicht wirklich, oder? Aber es ist unvermeidlich. Du weißt, wenn deine Klamotten so langsam in den Flur quellen und ein nicht identifizierbarer Gestank in den Rest des Hauses sickert, dann bekommt deine Mutter diesen gewissen Blick – diesen Blick, der keine Widerrede duldet. Dann weißt du: Es ist an der Zeit, dein Zimmer aufzuräumen.

Die nächsten Stunden – oder Tage, falls du den ultimativen Level der Verwahrlosung erreicht hast – verbringst du mit dem Durchwühlen deiner Sachen. Stinkige Socken, zusammengeknüllte Zettel, Bonbonpapiere, Computer-, Handy- und andere Kabel, Fotos von alten Freundinnen, die du inzwischen mit einem Schnurrbart verziert hast, und – *igitt* – ist das ein Glas saurer Milch?! Und dann, wenn du denkst, dass du unmöglich noch weitermachen kannst, ist es erledigt. Du schaust dich um. Du hast ein Bett, eine Kommode und genug Platz, um zwischen dem Bett und der Kommode hin- und herzulaufen. Gib's ruhig zu, das fühlt sich doch gut an, oder? (Ist schon in Ordnung. Gib es einfach in deinen Gedanken zu; deine Mutter wird nie davon erfahren.)

Wenn wir zulassen, dass sich das Gerümpel um uns herum auftürmt, bringt das nur Chaos und Grauen. Und wenn wir uns dann die Mühe machen – und sei sie noch so unfreiwillig – das Gerümpel wegzuräumen, wird das Chaos und Grauen von Frieden und Optimismus ersetzt.

Aber wir lassen es trotzdem geschehen, oder? Wir lassen das Gerümpel sich so lange aufstapeln, bis es uns ganz unter sich zu begraben droht. Nicht nur in unseren Häusern oder Schlafzimmern, sondern in unseren Herzen. Nicht der Verpackungs- und Papiermüll, sondern die Reste unseres Ärgers und unserer Verletzungen. Bist du sammelwütig, was deinen Schmerz betrifft? Häufst Kränkungen an? Führst Buch über Beleidigungen? Lässt die unbereinigten Konflikte der Vergangenheit so lange unberührt, bis sie in deinem Kopf und deinem Herzen sauer werden?

Eine Reise durch dein Herz kann sehr viel ans Licht bringen. Da liegt ein Haufen Ablehnung in der einen Ecke. Längst vergangene Beleidigungen in einer anderen. Bilder unfreundlicher Menschen bedecken die Wände und liegen überall auf dem Boden verstreut herum.

Niemand kann dir dafür Vorwürfe machen. Es wurden Versprechen gebrochen, du wurdest belogen und tief im Herzen verletzt – du hast dein Fett abbekommen. Aber macht es nicht Sinn, diesen Müll loszuwerden? Willst du nicht, dass jeder Tag wirklich zählt? Jesus sagt: *Verschenke die Gnade weiter, die du bekommen hast.*

Verschenke die Gnade weiter,
die du bekommen hast.

Betrachte einmal ganz genau, was Jesus Petrus antwortete, als dieser fragte: „Herr, wie oft soll ich jemandem vergeben, der mir Unrecht tut? Sieben Mal?" – „Nein!", antwortete Jesus, „Siebzig mal sieben Mal!" (Matthäus 18,21-22).

Das Geräusch, das du hörst, stammt vom Klicken der Taschenrechner. Siebzig mal sieben ergibt 490, stellen wir fest. *Puh, was für ein Glück, da kann ich den Typ ja vergessen! So oft hab ich dem bestimmt schon vergeben.*

Moment mal, nicht so schnell. Bevor du die besagte Person abschreibst, solltest du dir vielleicht besser mal den folgenden Zweiakter ansehen, den Jesus auf die Bühne gebracht hat.

Erster Akt: Gott verzeiht das Unverzeihliche

Deshalb kann man das Himmelreich mit einem König vergleichen, der beschlossen hatte, mit seinen Bediensteten, die von ihm Geld geliehen hatten, abzurechnen. Unter ihnen war auch einer, der ihm sehr viel Geld schuldete. Da er nicht bezahlen konnte, befahl der König das Folgende: Er, seine Frau, seine Kinder, und alles, was er besaß, sollte verkauft werden, um damit seine Schuld zu begleichen. Doch der Mann fiel vor ihm nieder und bat ihn: „Herr, hab doch Geduld mit mir, ich werde auch alles bezahlen." (Matthäus 18,23-25).

Solch eine enorme Schuld. In genaueren Übersetzungen heißt es, dass der Bedienstete 10.000 Talente schuldig war. Ein Talent war so viel wert wie 6.000 Denar, und ein Denar entsprach etwa einem Tageslohn (siehe Matthäus 20,2). Das heißt: ein Talent hatte den Wert von 6.000 Arbeitstagen. 10.000 Talente wären demnach mit 60 Millionen Tagen beziehungsweise 164.000 Jahren Arbeit gleichzusetzen. Wer 100 Euro am Tag verdient, würde nach dieser Rechnung 6 Millionen Euro schulden.

Wow! Was für eine astronomische Summe. Bestimmt übertreibt Jesus nur, um einen Punkt zu verdeutlichen. Oder? Jemand kann einem anderen doch unmöglich so viel schulden. Oder bezieht sich Jesus eventuell auf das, was wir Gott schulden?

Dann lass uns mal rechnen, wie viel wir ihm schuldig sind. Wie oft sündigst du in, sagen wir mal, einer Stunde? Zu sündigen bedeutet, etwas zu „verfehlen" (Römer 3,23). Sorgen verfehlen Glauben. Ungeduld verfehlt Freundlichkeit. Kritiksucht verfehlt Liebe. Wie oft verfehlst du Gottes Maßstab? Nehmen wir mal an, zehnmal pro Stunde. Das lässt sich leicht rechnen. Zehn Sünden pro Stunde mal 16 wache Stunden (vorausgesetzt, wir sündigen nicht in unserem Schlaf), mal 365, mal die durchschnittliche Lebenserwartung von Männern, 75 Jahre. Abgerundet wären das 4.380.000 Sünden pro Person.

Sag mir bitte, wie du vorhast, Gott deine 4,3 Millionen Sündenschulden abzubezahlen? Das ist völlig unmöglich. Unerreichbar. Du schwimmst in einem Schuldenmeer. Genau darum ging es Jesus ja. Der Schuldenmacher in der Geschichte? Du und ich. Der König? Gott. Jetzt pass auf, was Gott macht:

> Da er nicht bezahlen konnte, befahl der König das Folgende: Er, seine Frau, seine Kinder, und alles, was er besaß, sollte verkauft werden, um damit seine Schuld zu begleichen. Doch der Mann fiel vor ihm nieder und bat ihn: „Herr, hab doch Geduld mit mir, ich werde auch alles bezahlen." Da hatte der König Mitleid mit ihm, ließ ihn frei und erließ ihm seine Schulden (Matthäus 18,25-27).

Gott vergibt den egoistischen Menschen die zigtausend begangenen Sünden. Vergibt 60 Millionen Tage voller Sünde. „Ganz unverdient, aus reiner Gnade, lässt Gott sie vor seinem Urteil als gerecht bestehen – aufgrund der Erlösung, die durch Jesus Christus geschehen ist" (Römer 3,24).

Gott verzeiht das Unverzeihliche. Wäre das der einzige Punkt in der Geschichte, auf den es ankommt, hätten wir schon eine Menge zu beißen. Aber das war erst der erste Teil des Zweiakters. Die Pointe kommt erst noch.

Zweiter Akt: Wir tun das Undenkbare

Doch sobald der Mann frei war, ging er zu einem anderen Diener, der ihm eine kleine Summe schuldete, packte ihn am Kragen und verlangte, dass er auf der Stelle alles bezahlen sollte. Der Diener fiel vor ihm nieder und bat ihn um einen kurzen Aufschub: „Hab doch Geduld mit mir, ich werde auch alles bezahlen." Doch der Mann war nicht bereit zu warten. Er ließ ihn verhaften und einsperren, so lange, bis dieser seine ganze Schuld bezahlt hätte (Matthäus 18,28-30).

Unglaublich! Einer, dem unendlich viel vergeben worden ist, sollte doch eigentlich auch zu jemandem werden, der anderen leicht vergeben kann, oder? Doch falsch gedacht! Dieser nicht. Er war nicht einmal bereit dazu, zu warten (siehe Matthäus 18,30). Er weigerte sich, zu vergeben. Das wirft die Frage auf, ob dieser Diener die Vergebung des Königs überhaupt wirklich für sich angenommen hat. Ist dir aufgefallen, was in dieser Geschichte fehlt? Genau, Dankbarkeit. Extrem auffällig ist, dass in dem Gleichnis die Freude des Dieners fehlt, dem vergeben worden ist. Wie die neun undankbaren Aussätzigen aus dem letzten Kapitel sagt dieser Mann dem König nie: „Dankeschön." Er singt kein Lied der Freude und bringt seinem Herrn keine Wertschätzung entgegen. Sein Leben wurde verschont, seine Familie befreit, das Urteil aufgehoben, eine riesengroße Schuld vergeben – und er sagt nix, nüscht, null. Eigentlich sollte er eine riesige Dankeschön-Party schmeißen. Er bettelt um Nachsicht wie ein Schüler, der drauf und dran ist, von der Schule zu fliegen. Doch nachdem man nachsichtig ist, tut er so, als hätte er nie etwas Böses angestellt.

Könnte diese Stille des Dieners der springende Punkt des Gleichnisses sein? „Wem wenig vergeben wird, der zeigt auch nur wenig Liebe" (Lukas 7,47). Offensichtlich zeigte dieser Mann nur wenig Liebe, weil er nur wenig Gnade für sich angenommen hatte.

Weißt du, für was ich diesen Typen halte? Für einen Gnaden-Abweiser.

Er akzeptiert die Gnade des Königs nicht. Er macht sich aus dem Thronsaal mit einem gerissenen Grinsen auf dem Gesicht, wie jemand, der gerade noch mal so davongekommen ist, der ein Hintertürchen gefunden hat, der sich durch das System gemogelt und andere übers Ohr gehauen hat. Wie einer, der sich aus der Patsche geholfen hat. Er schreibt das eher seiner eigenen Schmeichelei zu, statt dem gnädigen Verhalten des anderen. Er verhält sich so wie einer, dem nicht vergeben worden ist: Er weigert sich selbst, anderen zu vergeben.

Als der König vom geizigen Herzen des Dieners erfährt, zerfetzt er beinahe seine Krone. Er rastet völlig aus:

> Da ließ sein Herr ihn kommen und sprach zu ihm: Du böser Knecht! Jene ganze Schuld habe ich dir erlassen, weil du mich batest; solltest denn nicht auch du dich über deinen Mitknecht erbarmen, wie ich mich über dich erbarmt habe? Und voll Zorn übergab ihn sein Herr den Folterknechten, bis er alles bezahlt hätte, was er ihm schuldig war. So wird auch mein himmlischer Vater euch behandeln, wenn ihr nicht jeder seinem Bruder von Herzen seine Verfehlungen vergebt (Matthäus 18,32-35).

Der Vorhang fällt nach diesem zweiten Akt und wir grübeln über den Clou der Geschichte nach. Der Kern, um den es geht, fällt uns ziemlich schnell auf: *Begnadigte sind Gnadengeber.* Wem vergeben worden ist, der vergibt. Wer ein Bad in der Gnade genommen hat, der tropft vor Gnade. Gott will dich durch seine Freundlichkeit dazu bewegen, dein Herz und dein Leben zu verändern (siehe Römer 2,4).

Dem Zehntklässler Kyle McClure wurde klar, dass sich in seinem Herzen und Leben so einiges verändern musste. Aber er entdeckte bald, dass Gottes Gnade und die Unterstützung seiner christlichen Freunde ausreichten, um ihn zurück zum Gewinnerteam zu bringen.

SCHULLEBEN

Ich war ein Heuchler
Von Kyle McClure,
nacherzählt von Chris Lutes

Meine Turnschuhe quietschten auf dem Holzfußboden, als ich versuchte, den Wurf des Gegenspielers abzublocken. Mit meinen Händen dicht vor seinem Gesicht, rückte ich ihm so nahe an den Leib wie möglich, ohne ihn zu foulen. Dann fing ich an, Schwachsinn zu reden, sagte, was immer mir in den Sinn kam, um ihn runterzumachen.

Unser Trainer hat uns davor gewarnt, Gegenspieler verbal zu beleidigen: „Das gehört sich nicht!", hat er uns eingeschärft. „Das ist kein sportliches Verhalten. Lasst mich euch bloß nicht dabei erwischen!"

Als Christ wusste ich tief im Innern, dass er recht hatte. Aber ich wollte unbedingt gewinnen und war bereit, alles dafür zu tun, was nötig war. Ich konnte mein Team ja nicht im Stich lassen.

Das war nicht immer so gewesen. Als ich in der neunten Klasse zum Team kam, wollte ich die christlichen Grundsätze leben, die ich in der siebten Klasse für mich angenommen hatte. Eine Zeit lang funktionierte das auch relativ gut. Ich las meine Bibel, betete und ging zum Gottesdienst und zur Jugendgruppe. Als ich in die zehnte Klasse kam, leitete ich bereits die Jugendgruppe.

Doch wenn ich mit den Jungs vom Sportteam zusammen war, merkte ich, wie ich ihre schlechten Angewohnheiten annahm. Neben verbaler Runtermache und ziemlich egoistischem Verhalten ließ ich mich auch in meinem ganzen Denken von ihnen beeinflussen. Sie kramten heimlich einen „Playboy" raus und ich schaute ihnen beim Blättern genüsslich über die Schultern. Sie erzählten dreckige Witze und ich lachte mit. Obwohl ich nicht das volle Programm durchzog, ging ich mit Mädchen oft weiter, als es gut gewesen wäre.

Ich wusste, ich war ein riesengroßer Heuchler. Aber es war so schwer, anders zu handeln. Ich fühlte mich zwischen zwei Welten hin- und hergerissen.

Es musste sich einiges ändern: Ich fing an, in einem Volleyballteam mitzuspielen, in dem auch einer meiner besten christlichen Freunde spielte. Er sollte mir deutlich sagen, wenn ich mich falsch verhielt, und mich im Glauben unterstützen. Wir setzten uns gegenseitig Grenzen, die uns vor Fehlern bewahren sollten, die wir später sicher bereuen würden.

Ich weiß, ich bin nicht perfekt. Bei Weitem nicht. Aber ich weiß auch, dass Gott immer zur Stelle ist, wenn ich Mist baue, um mir zu vergeben und mir dabei zu helfen, es das nächste Mal besser zu machen. Und trotz all meiner Mängel ist er in meinem Leben an der Arbeit und hilft mir, mehr zu dem Menschen zu werden, der ihm vorschwebt.[5]

Gottes Gnade hat Kyle nicht nur geholfen, einen schwierigen Kampf im Glauben durchzustehen, sondern gab ihm auch die Hoffnung, aus seinen Fehlern in Zukunft zu lernen. Und da Kyle so ein dankbares Herz hat, kann man sich sicher sein, dass er die lebensverändernde Gnade, die er erlebt hat, an andere weitergibt.

An Apfelbäumen wachsen Äpfel, an Weizenhalmen wächst Weizen und bei Menschen, denen vergeben worden ist, wächst die Frucht, anderen Menschen vergeben zu können. Gnade ist der natürliche Auswuchs von Gnade.

Wem vergeben worden ist, aber selbst nicht vergibt, den erwartet ein trauriges Schicksal – ein Leben, gefüllt mit qualvollen, bitteren Tagen. „Und voll Zorn übergab ihn sein Herr den Folterknechten, bis er alles bezahlt hätte, was er ihm schuldig war" (Matthäus 18,34).

Du kannst diesen Weg einschlagen – oder du kannst dein Zimmer aufräumen, in deinem Herzen ausmisten und aus diesem Tag das Beste herausholen!

„Aber Max, ich wurde doch so tief verletzt."

Ich weiß. Die Leute, die dich verletzt haben, haben dir viel genommen. Aber warum sie noch mehr nehmen lassen? Haben sie dich nicht schon genug beraubt? Wenn du ihnen nicht vergibst, bleiben sie in deiner Nähe, wo sie dich noch immer berauben können.

„Aber Max, was sie mir angetan haben, war echt schlimm."

Da bin ich mir sicher. Vergebung heißt nicht Billigung. Du rechtfertigst damit nicht ihr falsches Verhalten. Du übergibst den Missetäter „dem, der gerecht richtet" (1. Petrus 2,23).

„Aber Max, ich bin schon so lange so wütend."

Und Vergebung stellt sich nicht von einem Tag auf den anderen ein. Aber du kannst kleine Schritte Richtung Gnade unternehmen. Vergib stufenweise. Lass deinen Hass los, den du auf den Übeltäter hast. Fang an, für ihn zu beten. Versuche die Situation des anderen zu verstehen.

Vergebung stellt sich nicht von einem Tag
auf den anderen ein.

Lass dich von Antwone Fisher inspirieren. Er hatte reichlich Grund, ein zugemülltes Herz zu haben. Die ersten 33 Jahre seines Lebens kannte er seine Eltern überhaupt nicht. Sein Vater war noch vor Antwones Geburt gestorben. Und seine Mutter hatte ihn als er noch klein war ausgesetzt. Den Grund dafür wollte Antwone unbedingt wissen. Er war als Pflegekind in Cleveland aufgewachsen, misshandelt und vernachlässigt worden und von dem verzweifelten Verlangen besessen, auch nur einen einzigen Verwandten ausfindig zu machen.

Mit dem Namen seines Vaters und einem Telefonbuch von Cleveland ausgestattet, machte er sich daran, Leute anzurufen, die den gleichen Nachnamen wie er hatten. Sein Leben veränderte sich an dem Tag, als er eine Tante am Apparat hatte. Er sagte ihr sein Geburtsdatum und den Namen seines Vaters. Er schilderte die schwierigen Wendungen, die sein Leben genommen hatte: Von seiner Pflegemutter auf die Straße gesetzt, diente er eine Zeit lang in der Navy und arbeitete jetzt als Wachmann in Los Angeles.

Ihre Stimme strahlte Wärme aus. „Du hast eine große Familie." Nur kurze Zeit nach dem Anruf lud ihn eine andere Tante nach Cleveland zu einem Familientreffen ein. Die Woche, die er bei seinen Verwandten blieb, war erfüllt von einer Liebe, die Antwone so noch nie zuvor gespürt hatte.

Und dann, nach tagelangem Bemühen und Telefongesprächen, machten seine Verwandten den Bruder seiner Mutter ausfindig. Er bot an, Antwone zu der Sozialwohnung zu bringen, wo sie lebte. Auf der Hinfahrt ging Antwone im Kopf die Fragen durch, die ihn schon seit drei Jahrzehnten brennend interessierten:

Warum hast du nie mit mir Kontakt aufgenommen?

Hast du dir nie Gedanken über mich gemacht?

Hast du mich überhaupt nicht vermisst?

Aber die Fragen wurden nie ausgesprochen. Die Tür öffnete sich und Antwone trat in eine schwach beleuchtete Wohnung mit heruntergekommenen Möbeln. Er wandte sich um und erblickte eine gebrechliche Frau, die zu alt zu sein schien, um seine Mutter zu sein. Ihr Haar war ungekämmt. Sie trug ein Nachthemd.

Antwones Onkel sagte zu ihr: „Das hier ist Antwone Quenton Fisher." Antwones Mutter begriff. Sie stöhnte, verlor den Halt und musste sich an einem Stuhl abstützen. „Oh Gott, bitte ... oh Gott." Sie kehrte ihr Gesicht beschämt ab und eilte weinend aus dem Zimmer.

Antwone erfuhr, dass seine Mutter versucht hatte, einen Mann zu überzeugen, sie zu heiraten, damit sie ihren Sohn großziehen konnte. Aber es hatte nicht geklappt. Sie brachte danach noch vier weitere Kinder zur Welt, die ebenfalls als Waisen aufwuchsen. Im Lauf der Jahre war sie ins Krankenhaus eingewiesen worden, hatte Zeit im Gefängnis verbracht und war auf Bewährung freigekommen. Als ihm bewusst wurde, wie schlimm und schmerzhaft ihre Jahre gewesen waren, beschloss er, ihr zu vergeben.

Er schreibt: „Obwohl mein Weg lang und hart gewesen ist, verstand ich schließlich, dass der Weg meiner Mutter länger und härter gewesen war ... Wo früher der tiefe Schmerz saß, verlassen worden zu sein, herrscht jetzt nur noch Mitleid."[6]

Letzten Endes entscheiden wir selbst, was in uns wachsen kann. Hoffentlich entscheidest du dich für Vergebung.

Gottes Wunsch, sein Plan,
sein ultimatives Ziel besteht darin,
dich Christus immer ähnlicher zu machen.

Muntermacher für den Tag

Hier ist Gottes Plan für dich: Er will dich Jesus ähnlicher machen. „Wen Gott nämlich auserwählt hat, der ist nach seinem Willen auch dazu bestimmt, seinem Sohn ähnlich zu werden" (Römer 8,29). Siehst du, worauf es Gott ankommt? Er will dich nach Jesu Vorbild gestalten.

Jesus hatte keine Schuldgefühle; Gott möchte, dass auch du keine Schuldgefühle hast.

Jesus hatte keine schlechten Angewohnheiten; Gott möchte, dass auch du keine schlechten Angewohnheiten hast.

Jesus begegnete seinen Ängsten mutig und entschlossen; Gott möchte, dass du dasselbe tust.

Jesus wusste zwischen Richtig und Falsch zu unterscheiden; Gott möchte, dass du das auch kannst.

Jesus diente anderen und gab sein Leben für die Schwachen und Verlorenen hin; wir können es ihm gleichtun.

Wie kannst du heute mehr wie Jesus werden?

Kapitel 4

Ruhe für Tage, an denen dir alles über den Kopf wächst

Lass uns eine Liste über die Vorteile von Stress machen.

Hier der erste Punkt: *Stress ist gesund.* Schlafe weniger und lebe länger. Ein nervöser Magen ist ein glücklicher Magen, stimmt's? Nee, eigentlich eher nicht. Sorgen sind als Ursache für einen ganzen Schwarm von Krankheiten aufgeführt worden: Herzprobleme, hoher Blutdruck, Rheuma, Geschwüre, Erkältungen, Schilddrüsenversagen, Arthritis, Migräne, Blindheit und jede Menge Magenverstimmungen.[7] Hmm. Wie es scheint, sind Sorgen ziemlich schlecht für unsere Gesundheit. Aber wenigstens muntern sie uns auf.

Sorgen machen Spaß. Sie malen den Himmel blau, bringen die Vögel zum Singen und lassen uns Freudensprünge machen. Eine Dosis Sorge versüßt so richtig den Tag, oder? Deshalb planen wir „Sorgen-Ausflüge" ein. Andere gehen zelten, fischen, shoppen oder legen sich an den Strand. Du und ich, wir planen sieben Tage voller Sorgen ein.

- Montag: Stress wegen der Englischarbeit machen.
- Dienstag: Mit Grauen an den Haufen unerledigter Hausaufgaben denken.
- Mittwoch: Alle Krankheitserreger aufzählen, die in der Luft herumschwirren.

- Donnerstag: Gründe auflisten, warum ich nie eine vernünftige Berufsausbildung bekommen werde.
- Freitag: Den Kopf zerbrechen über alle möglichen Verletzungen, die man sich auf einem Fußballfeld holen kann.
- Samstag: Mir vorstellen, dass sich niemand um mich kümmert.
- Sonntag: Alle Eigenschaften aufschreiben, die andere nicht an mir mögen.

Sorgen sind für die Freude das, was ein Staubsauger für den Staub ist. Da kann man ja gleich sein Herz vor einen Freudenstaubsauger legen und den Knopf drücken. Und sofort wird sich kein Körnchen Freude mehr in deinem Herzen bewegen. Eine gruselige Vorstellung ...

Aber lass uns das noch ein bisschen weiterspinnen. Sorgen müssen doch irgendeinen Sinn haben. Selbst wenn sie unsere Gesundheit schädigen und uns unsere Freude rauben, sind sie nicht auch für irgendetwas gut? Wie steht's hiermit? *Sorgen lösen unsere Probleme.* Behandle deinen Ärger mit einer ordentlichen Dosis Sorgen, dann verschwindet er im Nu. Korrekt?

Wieder falsch. Werden die Hausaufgaben weniger, weil man sich Sorgen um sie macht? Nö. Sorgen lösen unsere Probleme nicht. Seien wir doch ehrlich. Sorgen haben keinerlei Vorteile. Sie schädigen die Gesundheit, saugen die Freude weg und ändern nichts an der Situation.

Katie Redners Sorgen drehten sich um ihr Aussehen. Sie war so besorgt darum, wie andere sie sahen und wie sie sich selbst sah, dass sie den allerwichtigsten Blickwinkel – Gottes Sicht auf sie – übersehen hatte.

Ich war 17 und von dem Verlangen beherrscht, als „hübsch" zu gelten. Es war eine tückische Falle und ich brauchte Hilfe. Schließlich gab ich zu, dass ich seit vier Jahren mit einer Essstörung zu kämpfen hatte, und zwei Monate später fand ich mich in der Privatklinik Ridgeview wieder. Ich hatte zehn Kilo Untergewicht, aß weniger als 500 Kalorien pro Tag und machte täglich mindestens drei Stunden lang Sport. Doch wenn ich in den Spiegel sah, kam mir das Bild immer noch scheußlich vor. Mein Aufenthalt in der Klinik dauerte zwei Monate, in denen ich mir alle Mühe gab, wieder genug zu Kräften zu kommen, um zu einem mehr oder weniger normalen Leben zurückzukehren.

Ich wurde aus Ridgeview entlassen, bestückt mit Essensplänen, ein paar extra Pfunden und antrainiertem Verhalten zur besseren Bewältigung meiner Situation. Doch nichts hätte mich auf das vorbereiten können, was als Nächstes kam. Als die Behandlung einen Monat hinter mir lag, hatte ich die Gelegenheit, an einer von World Vision organisierten „30-Stunden-Hungersnot" teilzunehmen. Ich war hin- und hergerissen. Es war ein tolles Event für eine tolle Sache, aber ich fragte mich selbst: Wie konnte ich den Kampf gegen den Welthunger unterstützen, wenn ich vorher selbst das Essen verweigert hatte? Ich meldete mich trotzdem für das Event an. Und am Ende ging mir auf, dass meine eigene Lebensgeschichte ein guter Grund *dafür* war, kein Grund dagegen.

Nach dem Event hatte unsere Gruppe die Möglichkeit, an einer Studienreise von World Vision teilzunehmen, bei der Schüler und Leiter selbst sehen konnten, wo die Spenden landeten. Bevor ich überhaupt wusste, wie mir geschah, saß ich in einem Flugzeug nach Uganda in Afrika. Mir war es ein Rätsel, warum Gott ausgerechnet mir diese Reise ermöglicht hatte, aber er hatte etwas für mich auf Lager, was mein Leben für immer veränderte.

Den ersten Teil der Reise verbrachten wir in Gulu, Uganda, wo Flüchtlinge aus dem Bürgerkrieg notdürftig versorgt wurden. Wir besuchten eine Station, wo Nahrungsmittel verteilt wurden. Ich geriet sofort in ein kleines Zelt, das von jungen Frauen und Kindern nur so wimmelte. Die Kinder waren unterernährt und in dem Zelt, um gewogen zu werden und um ihren Entwicklungsstand zu untersuchen. Die Mütter, die verzweifelt Essen für ihre Kinder brauchten, drückten mir ihre winzigen, schreienden Bündel in den Arm. Als ich sie hielt, zersprang mein Herz in tausend Stücke. Sie hatten mehr verdient. Warum mussten sie so etwas durchmachen? Doch als ich ihnen in die Augen blickte, sah ich Christus in ihnen. Er war dort, inmitten des Chaos und der hübschesten Kinder, die ich je gesehen habe, sodass ich endlich begriff: Ich war ein Kind Gottes, genau wie dieses hungrige Baby. Auch ich hatte mehr verdient. Auch ich war hübsch.

Als wir uns auf die Heimreise machten, nahm ich eine ganz neue Lebensperspektive mit. So lange habe ich gehungert – körperlich und geistlich. Gottes Trost und Licht waren immer da gewesen; ich musste nur meine Hand ausstrecken und sie nehmen. Jetzt lebe ich jeden Tag mit dem Wissen, dass Gott mich hübsch findet und meine Hand hält.[8]

Katie

Katies körperliche und seelische Gesundheit hatten sich aufgrund ihrer Sorgen verschlechtert. Erst als sie den Sorgenkreislauf durchbrach, konnte sie sehen, was Gott für sie auf Lager hatte. Lass dir durch deine Sorgen nicht die Sicht auf Gottes Plan für dich blockieren.

Um den richtigen Weg freizumachen, bietet Jesus uns eine Sorgen-Panzerfaust an. Erinnerst du dich, was er uns zu beten gelehrt hat? „Unser tägliches Brot gib uns Tag für Tag" (Lukas 11,3).

Dieser einfache Satz enthüllt Gottes Versorgungsplan: *Geh immer nur einen Tag nach dem anderen an.* Gott offenbarte Mose und den Israeliten diese Strategie in der Wüste. Der Himmel wusste, dass sie das nötig hatten. Die befreiten Sklaven entwickelten sich immer mehr zu Sorgen-Spezialisten. Nach allem, was sie erlebt hatten, hätte man eher davon ausgehen können, dass sie Glaubensseminare geben würden. Sie hatten die Plagen gesehen, waren trockenen Fußes durchs Rote Meer gewandert und hatten zugeschaut, wie die ägyptischen Soldaten ertrunken waren. Sie hatten ein Wunder nach dem anderen erlebt, aber sie machten sich trotzdem noch Sorgen.

Sie machten Mose und Aaron heftige Vorwürfe: „Hätte uns der Herr doch nur in Ägypten getötet!", klagten sie. „Dort hatten wir immerhin Fleisch und genügend Brot zu essen. Stattdessen habt ihr uns in diese Wüste geführt, damit wir hier alle verhungern" (2. Mose 16,2-3).

Augenblick mal. Sind das dieselben Leute, die von den Ägyptern geschlagen und mit Arbeit überhäuft worden waren? Dieselben Hebräer, die Gott um Befreiung anflehten? Und jetzt, nach kaum mehr als einem Monat in Freiheit, redeten sie, als wäre Ägypten ein bezahlter Urlaub gewesen. Sie haben es vergessen. Sie haben die Wunder vergessen, die sie erlebt, und die Wunden, die sie erlitten hatten.

Vergesslichkeit erzeugt schlechte Laune.

Aber Gott, immer geduldig mit Gedächtnisverlust, schickt Erinnerungen.

> Da sprach der Herr zu Mose: „Ich werde für euch Brot vom Himmel regnen lassen. Die Israeliten sollen jeden Tag vors Lager gehen und so viel davon auflesen, wie sie für den jeweiligen Tag brauchen. Auf diese Weise will ich prüfen, ob sie meine Anweisungen befolgen oder nicht. Am sechsten Tag sollen sie das, was sie eingesammelt haben, zubereiten. Und es wird doppelt so viel sein wie an den anderen Tagen" (2. Mose 16,4-5).

Man beachte die Einzelheiten von Gottes Versorgungsplan.

Er deckt tägliche Bedürfnisse täglich. Wachteln bedeckten das Campgelände am Abend; Manna glänzte wie feiner Frost am Morgen. Fleisch zum Abendessen. Brot zum Frühstück. Das Essen fiel jeden Tag vom Himmel. Nicht jährlich, monatlich oder stündlich, sondern täglich. Aber das ist noch nicht alles.

Er deckt tägliche Bedürfnisse täglich.

Er deckt tägliche Bedürfnisse auf wunderbare Weise. Als die Leute zum ersten Mal das Getreide auf dem Boden sahen, fragten sie einander:

„*Man-hu?* Was ist das?" (2. Mose 16,15). Sie hatten keine Ahnung, was es war.

Die verblüften Israeliten nannten das Getreide „man-hu", hebräisch für „Was um alles in der Welt ist das?". Gott hatte Mittel, von denen sie keine Ahnung hatten, Lösungen, die jenseits ihrer Wirklichkeit lagen, Vorräte außerhalb ihrer Möglichkeiten. Sie sahen einen dürren Boden – Gott sah einen Brotkorb, in den er sein himmlisches Gebäck legen konnte. Sie sahen trockenes Land – Gott sah einen Schwarm Wachteln hinter jedem Busch. Sie sahen Probleme – Gott sah Möglichkeiten.

Wenn wir uns an Gottes Güte erinnern, verblassen unsere Sorgen.

Als meine Töchter noch klein – zwei, fünf und sieben Jahre alt – waren, beeindruckte ich sie mächtig mit einem Wunder. Ich erzählte ihnen die Geschichte von Mose und dem Manna und wir machten eine Wüstenreise durch unser Haus.

„Wer weiß?", mutmaßte ich. „Vielleicht fällt ja wieder Manna vom Himmel."

Wir streiften uns Bettlaken über, schlüpften in Sandalen und veranstalteten einen Beduinenmarsch durch die Schlafzimmer. Auf meine Anweisung hin beschwerten sich die Mädchen bei mir, Mose, dass sie Hunger hatten und ich sie gefälligst zurück nach Ägypten bringen sollte – oder zumindest in die Küche. Als wir ins Wohnzimmer kamen, trieb ich sie dazu an, sich richtig in ihre Rolle hineinzusteigern: zu jammern, zu klagen und um Essen zu betteln.

„Schaut nach oben", sagte ich. „Jeden Moment kann Manna vom Himmel fallen."

Die 2-jährige Sara befolgte die Anweisung ohne Widerspruch, aber Jenna und Andrea hatten so ihre Zweifel. Wie sollte denn Manna von der Decke fallen?

Genau wie die Hebräer. „Wie soll Gott uns denn in der Wüste ernähren?"

Geht es dir nicht auch so? Du schaust auf die Sorgen von morgen, die Aufgaben von nächster Woche, den Kalender vom nächsten Monat. Deine Zukunft sieht so öde aus wie die Wüste im Sinai. „Wie soll ich das nur alles bewältigen?" Gott sagt dir dasselbe, was ich meinen Töchtern sagte: „Schau nach oben."

Als meine Töchter diesen Rat befolgten, fiel das Manna! Na gut, kein Manna, aber Vanillewaffeln flogen von der Decke und landeten auf dem Teppich. Sara quiekte vor Freude auf und stürzte sich sofort auf die Waffeln. Jenna und Andrea waren alt genug, um eine Erklärung zu fordern.

Meine Antwort war ganz einfach. Ich kannte unseren Reiseplan. Ich wusste, dass wir in dieses Zimmer kommen würden. Vanillewaffeln passten problemlos auf die Flügel des Deckenventilators. Als sich die Mädchen beschwerten, schaltete ich den Ventilator an.

Gottes Antwort an die Hebräer war ähnlich. Kannte er ihren Reiseplan? Wusste er, dass sie hungrig werden würden? Ja und noch mal ja. Und zur richtigen Zeit neigte er den Mannakorb Richtung Erde.

Und wie steht's mit dir? Gott weiß schon im Voraus, was du brauchst und wo du bist. Vielleicht hat er ja schon einige Vanillewaffeln auf dem Deckenventilator für dich bereit. Vertraue ihm! „Deshalb sorgt euch nicht um morgen, denn jeder Tag bring seine eigenen Belastungen" (Matthäus 6,34).

Das griechische Wort für Sorgen, „merimnao", stammt von dem Verb „merizo" (trennen) und dem Nomen „nous" (Geist/Verstand). Sorge spaltet also den Verstand, spaltet unser Denken in heute und morgen. Da hat der heutige Tag dann keine Chance mehr zu bestehen. Sorgen über die Probleme von morgen saugen dir die Kraft aus, die du jetzt brauchst. Sie machen dich ganz schwach. Sorgen schaffen es, dass kleinen Problemen riesige Schatten wachsen. Der französische Philosoph Michel de Montaigne hat einmal geschrieben: „Mein Leben ist voller schrecklicher Unglücke gewesen, von denen die meisten nie eingetroffen sind."[9] Corrie ten Boom sagte: „Sorgen entleeren den morgigen Tag nicht seines Kummers; sie entleeren den heutigen Tag seiner Kraft."[10] Sorgen töten unsere Lebensfreude, sind schädlich für uns und – das ist am allertraurigsten – entehren Gott.

In der Bibel heißt es, dass für die, die Gott lieben und nach seinem Willen zu ihm gehören, alles zum Guten führt (siehe Römer 8,28). Das schließt jedes Detail mit ein.

Die Sorge vermutet hinter allem eine Katastrophe und seufzt: „Das muss ja in einer Katastrophe enden!"

In der Bibel steht: „Es ist alles wunderbar, was er [Gott] tut" (Markus 7,37).

Die Sorge aber widerspricht: „Die Welt spielt verrückt."

Die Bibel nennt Gott den „in sich vollkommenen und alleinigen Herrscher", der alles unter Kontrolle hat (1. Timotheus 6,15).

Die Sorge lässt daran zweifeln, ob überhaupt irgendjemand etwas unter Kontrolle hat.

Die Bibel behauptet: „Gott ... wird euch alles geben, was ihr braucht" (Philipper 4,19).

Die Sorge flüstert dir diese Lüge ein: „Gott weiß nicht, was ich brauche."

Die Bibel argumentiert: „Seht die Raben an. Sie brauchen nicht zu säen, zu ernten oder Vorratsscheunen zu bauen, denn Gott ernährt sie. Und ihr seid ihm doch weit wichtiger als irgendwelche Vögel!" (Lukas 12,24).

Doch die Sorge widerspricht: „Von wegen, Gott kümmert sich um dich! Du bist auf dich allein gestellt. Ein Einzelkämpfer. Du gegen den Rest der Welt."

Die Sorge bekriegt deinen Glauben. Das weißt du bestimmt auch. Du machst dir nicht gerne Sorgen. Aber wie kannst du gegen sie ankommen? Du solltest dir mal diese drei Sorgenkiller anschauen:

Mehr beten. Niemand kann beten und sich gleichzeitig Sorgen machen. Wenn wir uns Sorgen machen, beten wir nicht. Wenn wir beten, machen wir uns keine Sorgen. „Die mit einem festen Sinn umgibst du mit Frieden, weil sie ihr Vertrauen auf dich setzen" (Jesaja 26,3).

Beim Beten hat man seine Gedanken fest auf Jesus gerichtet, wodurch man innerlich ruhig wird. Geh vor Christus auf die Knie und lass dein Leben nicht von Ängsten bestimmen!

Weniger wollen. Die meisten Sorgen entstehen nicht, weil wir wirklich etwas brauchen, sondern weil wir etwas Bestimmtes haben wollen, was wir eigentlich gar nicht so dringend brauchen.

„Freut euch immerzu, mit der Freude, die vom Herrn kommt! Und noch einmal sage ich: Freut euch!" (Philipper 4,4). Wenn Gott alles ist, was du brauchst, dann wirst du immer genug haben. Denn Gott ist immer bei dir!

Im Heute leben. Der Himmel hat immer noch einen Mannavorrat. Hinter den Büschen wartet immer noch eine Menge Wachteln als Proviant für den heutigen Tag. Opfere ihn also nicht auf dem Sorgenaltar. „Lebe nur für diese Stunde und die ihr zugeteilten Aufgaben ... Konzentriere dich auf die kleinen Pflichten, die heute anliegen ... Schau nicht auf das, was noch in weiter Ferne liegt, sondern auf das, was du heute tun kannst."[11]

„Darum wollen wir mit Zuversicht vor den Thron unseres gnädigen Gottes treten. Dort werden wir, wenn wir Hilfe brauchen, stets Liebe und Erbarmen finden" (Hebräer 4,16). Also, wenn du Hilfe brauchst, weißt du, an wen du dich wenden musst.

Freunde von mir erlebten während einer Reise nach Natal in Brasilien Gottes wunderbare Hilfe. Sie hielten dort in einer Gemeinde eine Veranstaltung für Kinder ab. Fünf Minuten von der Kirche entfernt gibt es eine gewaltige Brücke, die wegen vieler Selbstmorde berühmt-berüchtigt geworden ist. Dort sprangen bereits so viele lebensmüde Menschen in den Tod, dass die Gemeinde eine Gebetswache speziell für die Brücke eingerichtet hat. Diese Gebete wurden ganz konkret erhört, als meine Freunde gerade in dem Moment über die Brücke gingen, als eine Frau im Begriff war, in die Tiefe zu springen. Sie war bereits über das Geländer geklettert und nur noch ein Schritt trennte sie vom sicheren Tod. Nach langem Hin und Her und viel Überredungskunst brachten meine Freunde die Frau schließlich dazu, vom Abgrund wegzutreten. Sie retteten damit ihr Leben.

Und das Krasse dabei ist, dass sie eigentlich gar nicht vorhatten, über die Brücke zu gehen. Sie hatten außerhalb in einem Restaurant Mittag gegessen und mussten zurück zur Kirche, weil die Veranstaltung dort am Nachmittag weiterging. Doch der Mann, der sie abholen sollte, verspätete sich, also beschlossen sie, zu Fuß zu laufen. Ihr Fahrer war unpünktlich, doch Gott war pünktlich.

Ist er das nicht immer? Er ist mit seiner Hilfe zur Stelle, wenn wir sie wirklich brauchen.

Er wird dir heute keine Dinge geben, die du erst
morgen brauchst.

Er wird dir keine Lösungen für Probleme im Voraus zustecken. Aber zum richtigen Zeitpunkt tut er das ganz sicher. Darauf kannst du dich verlassen!

Was er dir heute geben wird, ist Manna für den Morgen und Wachteln für den Abend: Brot und Fleisch für den Tag. Gott deckt tägliche Bedürfnisse täglich und auf wunderbare Weise. Er tat es damals, er tut es heute und er wird es immer für dich tun.

- -

Du hältst das lange Rennen durch,
indem du kurze Strecken läufst.

- -

Muntermacher für den Tag

Ein ausgezeichneter „Ironman"-Triathlet hat mir einmal das Geheimnis seines Erfolgs verraten: „Man hält das lange Rennen durch, indem man kurze Strecken läuft." Schwimme nicht vier Kilometer, sondern immer nur bis zur nächsten Boje. Statt 120 Kilometer Radfahren, nimm dir erst mal nur 10 vor, leg eine Pause ein und fahre weitere 10. Nimm immer nur die Herausforderung an, die gerade ansteht – nicht mehr!

Hat Jesus nicht denselben Rat gegeben? „Quält euch also nicht mit Gedanken an morgen; der morgige Tag wird für sich selber sorgen. Es genügt, dass jeder Tag seine eigene Last hat" (Matthäus 6,34).

Du kannst dich nicht die ganze Zeit unter Kontrolle haben, aber die nächste Stunde, das schaffst du. Einen Studienabschluss zu machen, kann unerreichbar erscheinen, aber ein Semester bekommt man hin, und eine Woche durchzustehen geht.

Gibt es eine große Aufgabe, die sich dir drohend nähert? Vermiest das Nachdenken darüber deinen Tag? Wie kannst du die Aufgabe in überschaubare Stücke aufteilen?

Kapitel 5

Hoffnung für Tage, an denen eine Katastrophe die nächste jagt

Vanderlei de Lima. Der Typ ist ein echtes Fliegengewicht. Mit nur 1,65 Meter ist er kleiner als einige Siebtklässler. Aber lass dich von der Größe dieses kleinen Brasilianers nicht täuschen. Sein Körper mag klein sein, aber sein Herz ist größer als das Olympiastadion in Athen. Dort gewann er nämlich 2004 die Bronzemedaille beim Marathon.

Eigentlich hätte er fast Gold gewonnen. Es waren weniger als fünf Kilometer bis zur Ziellinie und er führte, als er von einem Zuschauer behindert wurde. Ein geistesgestörter Demonstrant aus Irland, der schon einmal verhaftet wurde, weil er im Jahr zuvor auf die Rennbahn des Grand Prix der Formel 1 in England gelaufen war, warf sich nun auf den Marathonläufer und riss ihn mit sich in die Zuschauermenge. Obwohl er geschockt und benommen war, sammelte sich de Lima wieder und setzte das Rennen fort. Aber er hatte seinen Laufrhythmus, wertvolle Sekunden und seine Position verloren.

Trotzdem verlor er nie seine Freude. Der Brasilianer mit dem kleinen Körper und dem großen Herzen lief ins Olympiastadion mit der Ausgelassenheit eines Kindes ein. Er schlug die Fäuste in die Luft und rannte dann mit beiden Armen zur Seite ausgestreckt, wie ein menschliches Flugzeug, das nach einem Landeplatz sucht, in Richtung Ziellinie.

Später, mit einem Olivenkranz gekrönt und mit einem unerschütterlichen Lächeln auf den Lippen, erklärte er: „Es ist ein feierlicher Moment. Es ist ein unvergleichlicher Moment. Die meisten Athleten erleben nie so einen Moment."

Ja, aber die meisten Athleten werden auch nicht von der Bahn gerumpelt.

Vanderlei de Lima jedoch beklagte sich niemals darüber. „Der olympische Geist hat wieder gesiegt ... Ich habe es geschafft, mir und meinem Land eine Medaille zu erringen."[12]

Von so einem Typen kann man sich etwas abgucken. Ich frage mich, wie de Lima es fertigbrachte, so positiv zu bleiben. Störenfriede, die einem das Rennen verderben wollen, schleichen immer noch durch die Menge. Man muss nicht unbedingt einen Marathon laufen, um – eben noch an der Spitzenposition – plötzlich flach auf dem Rücken zu liegen. Frag nur, wie sich Kinder fühlen, die am Grab ihrer Mutter stehen. Oder Patienten, die warten, dass sie mit der Krebstherapie dran sind. Friedhof. Chemotherapie. Der Vater, der ausgezogen ist, der Soldat, der mit einem fehlenden Bein zurückkommt, die Eltern der weggelaufenen Tochter, die Familie, die durch den Hurrikan obdachlos geworden ist.

Ein total aus der Bahn geratenes Leben. Wie kommt man da zurück ins Rennen?

Wie kommt man zurück ins Rennen?

Nehmen wir Katie Pavlacka zum Beispiel. Bereits als sie fünf war, merkten ihre Eltern, dass sie schlecht sah. In der neunten Klasse war sie völlig erblindet. Es war ein schwieriger Kampf für sie, sich auf ihre Behinderung einzustellen. Da half es auch nicht gerade, dass sich andere Jugendliche rücksichtslos über sie lustig machten. Wie sollte Katie je wieder ins Rennen zurückfinden, wenn sie noch nicht mal die Laufbahn sehen konnte?

Warum ich?
Von Mark Moring

Achte Klasse. Es wimmelte nur so von Fieslingen.

Hinter jeder Ecke schienen sie auf Katie Pavlacka zu warten, um ihr einen weiteren blöden Streich zu spielen und sich über sie lustig zu machen.

Manchmal stellten sie ihr ein Bein. Manchmal schlichen sie sich von hinten an und knallten ihren Spind zu, bevor sie sich das herausholen konnte, was sie brauchte. Aber ihr Lieblingsgag war der mit der Glasschiebetür. Wenn Katie kam, schoben sie ganz leise die Tür zu, um genüsslich dabei zuzuschauen, wie sie – *klatsch!* – mit dem Gesicht gegen das Glas prallte.

„Ich fragte mich: *Gibt es wirklich einen Gott und warum muss ich das durchmachen?*", sagt Katie, die inzwischen 19 ist, heute. „Ich war sauer auf Gott und ich ließ meine Wut an einer Menge Leute aus, besonders an meiner Familie.

Aber auch in mir selbst staute sich wahnsinnig viel Wut an und ich machte mich selbst fertig. Ich war wütend, weil ich anders war, und ich wollte nicht anders sein."

Dann kam die Hilfskraft. Das war wirklich zu viel für Katie. Die Schule beauftragte eine Frau, die Katie bei ihren Sachen helfen sollte. Doch Katie wollte keine Hilfe. Überhaupt keine.

„Sie begleitete mich bei allen Schulstunden, um mir beim Mitschreiben und so zu helfen", sagt Katie. „Aber ich hatte das Gefühl, dass sie sich einmischte und mir meine Freiheit nahm. Ich schaffte es aber, sie zu vergraulen", erzählt Katie mit einem Lachen. „Also besorgten sie mir eine andere Hilfskraft, eine jüngere, lebendigere. Zwar rebellierte ich auch gegen sie, aber sie bot mir Paroli und bekam die Situation in den Griff. Am Ende des Schuljahres hatten wir uns von den schlimmsten Feinden zu richtig guten Freunden entwickelt. Sie half mir, mein Anderssein zu akzeptieren, statt immer nur dagegen anzukämpfen."

Und dann, in der neunten Klasse, kam Michelle Weinberger.

„Michelle war immer für mich da, sie verbrachte viel Zeit mit mir, war mir eine super Freundin", erinnert sich Katie. „Sie lud mich zu ihrer Jugendgruppe ein. So kam es, dass ich meinen Glauben wieder ernster nahm.

Es dauerte ein paar Jahre, ehe ich erkannte, dass Gott *doch* da ist und ich ihm nicht egal bin. Ich erkannte auch, dass mein Glaube mein eigener ist und nicht nur etwas, womit ich aufgewachsen bin. Ich wollte Gott besser kennenlernen und mein Leben als Christ nicht auf die leichte Schulter nehmen."

Katie musste geduldig sein und lernen, auf Gott und sein perfektes Timing zu warten. „Geduldig sein" und „warten". Diese Wörter klingen so nach Stagnation, nach Bewegungslosigkeit. Aber nicht für Katie. Während sie wartete, verschaffte sie sich einen guten Überblick über die Herausforderungen, die auf sie warteten. Sie beschloss, sich kopfüber in sie hineinzustürzen. Im wahrsten Sinne des Wortes.

Sie stürzte sich mit aller Macht ins Wasser, zunächst vor allem, um anderen – und sich selbst – zu beweisen, dass sie sich trotz des verloren gegangenen Augenlichts immer noch bei etwas auszeichnen konnte. Mit der Zeit verwandelte sich dieser Drang, sich selbst

zu beweisen, in Leidenschaft und Entschlossenheit, so sehr, dass sie schon *vor Schulbeginn* jeden Tag drei Stunden lang schwimmen ging. In der zehnten Klasse an der Liverpool High School schaffte sie es ins Schwimmteam der Schule. Und obwohl sie gegen Schwimmer antrat, die normal sehen konnten, behauptete sie sich gut.

Doch Katie blieb da nicht stehen. Inzwischen hat sie Titel in den Nationalen Meisterschaften für Behinderte und eine Goldmedaille bei der Weltmeisterschaft für Sehbehinderte in Madrid gewonnen. Außerdem geht sie auf ein College in New York, wo sie nicht nur zum Schwimmteam gehört, sondern auch in allen Fächern Einsen hat.

Katie „fühlt" ihren Weg durchs Wasser, indem sie sich nahe ans Begrenzungsseil ihrer Bahn hält. Und wenn sie zum Ende der Bahn kommt und umdrehen muss, berührt sie entweder ein Trainer hinten auf dem Rücken mit einem Tennisball, der an einer Stange angebracht ist, oder der Sprühregen eines Sprinklers macht sie auf das Ende der Bahn aufmerksam.

„Ich habe auch festgestellt, dass mir meine Blindheit dabei geholfen hat, Beziehungen mehr zu schätzen – mit anderen reden zu können und meine Erfahrungen mit ihnen zu teilen. Ich habe gelernt, mich richtig gut mit Menschen zu unterhalten und sie dadurch besser kennenzulernen. Ich glaube, meine Blindheit hat meine Freundschaften vertieft."

„Ich habe mir meine Blindheit nicht ausgesucht", sagt sie, „aber ich will einfach das Beste aus dem machen, was ich habe, und nach vorne blicken."[13]

Als sie ihr Augenlicht verlor, tastete sich Katie buchstäblich die Bahn entlang. Lasst uns noch einem anderen Athleten zuwenden, um ein paar weitere Gedankenanstöße zu bekommen. Schau ihn dir an. Wirf einen Blick durch das kleine vergitterte Fenster in der Wand des römischen Gefängnisses. Siehst du den Mann, der dort angekettet ist? Den alten Herrn mit den gekrümmten Schultern und der krummen Nase? Das ist Paulus, der inhaftierte Apostel. Er ist ständig angekettet und die Wärter weichen keinen Schritt von ihm. Und er fragt sich wahrscheinlich, ob er je wieder aus diesem Kerker herauskommen wird.

Auch er wurde aus der Bahn geworfen. Die Schwierigkeiten brauten sich ein paar Jahre zuvor in Jerusalem zusammen. Obwohl er sich wirklich Mühe gab, das jüdische Gesetz zu halten, beschuldigten ihn die religiösen Leiter der Gotteslästerung. Dem Tod noch einmal von der Schippe gesprungen, sperrten sie ihn schließlich grundlos ein. Sie zogen seinen Namen durch den Dreck, verletzten seine Rechte und durchkreuzten seine Pläne.

Nur die Tatsache, dass er römischer Staatsbürger war, rettete ihm den Kopf. Da er ein Recht auf eine Anhörung vor dem römischen Gericht hatte, reiste er von Jerusalem nach Rom. Das war sicher keine luxuriöse Kreuzfahrt übers Mittelmeer. Paulus überlebte einen Hurrikan, nur um von einer Schlange gebissen zu werden. Er überlebte den Schlangenbiss, nur um drei Monate lang auf einer Insel stecken zu bleiben.

Als er schließlich Rom erreicht hatte, musste er noch zwei weitere Jahre warten, bis sein Fall verhandelt wurde.

Jetzt, wo wir Paulus in seiner Zelle begegnen, hat er bereits einiges hinter sich. Er wurde geschlagen und belogen, der Sturm hatte ihn ordentlich durchgeschüttelt, man hatte ihn verstoßen und kümmerte sich nicht um ihn.

Da ist es ja gut, dass er andere Christen um sich herum hat. Zumindest spendet die Gemeinde, die er mit aufgebaut hat, ihm Trost, richtig? Von wegen! Die Gemeinde steckt gerade selbst in großen Schwierigkeiten. Aus seinem Kerker schreibt Paulus: „Manche tun dies zwar aus Eifersucht und Rivalität ... Die anderen aber verkünden Christus aus selbstsüchtigen Motiven und nicht aus ehrlichem Herzen. Sie wollen mir meine Gefangenschaft noch schmerzhafter machen" (Philipper 1,15.17).

Machthungrige Prediger nehmen das Pult ein. Solche Mätzchen erwartet man von Nicht-Christen, aber Christen, die aus Eigennutz predigen? Da hat sich Paulus aber mit gewaltigen Problemen rumzuschlagen.

Und wer weiß, was Kaiser Nero vorhat? Der verfütterte bereits die anderen Jesusjünger zu Mittag an die Löwen. Gibt es irgendeine Garantie für Paulus, dass ihm nicht dasselbe Schicksal passieren wird? Die Worte in seinen Briefen aus dem Gefängnis machen deutlich, dass sich Paulus selbst nicht sicher war, was mit ihm geschehen würde – ob er leben oder sterben würde (siehe Philipper 1,20). Dann, kurz darauf schrieb er: „noch besser wäre es, zu sterben" (Philipper 1,21). Paulus ist nicht naiv. Er weiß, dass das Einzige, was zwischen ihm und dem Tod steht, ein Kopfnicken des launischen Nero ist.

Paulus hat allen Grund, sich Sorgen zu machen.

Vielleicht auch du. Vielleicht wurdest du, genau wie Paulus, aus der Bahn geworfen, und wirst von einer langen Pechsträhne verfolgt. Neben dir steht zwar keine römische Wache, dafür aber ein eifriger Helfer des Teufels, dessen einzige Aufgabe es ist, die saure Suppe des Selbstmitleids zu rühren. „Schau nur, was dir alles an Schlechtem zugestoßen ist." Da hat er ja auch nicht ganz unrecht. Keiner bestreitet, dass du Schlimmes erlebt hast. Aber es ist nicht wirklich sinnvoll, sich immer wieder darum Gedanken zu machen und sich in den Problemen zu wälzen.

Paulus tut das nicht. Trotz all des Negativen, das ihm widerfahren ist, beschließt er, sich auf das Positive zu konzentrieren. Er befasst sich nicht mit den Misshandlungen, die er von Menschen erlitten hat, sondern zählt auf die Treue Gottes.

„Liebe Freunde, ihr sollt wissen ...", schreibt er den Philippern (1,12). Diese Formulierung gebraucht Paulus, wenn er etwas Besonderes sagen will. Auch an anderen Stellen benutzt er diese Worte, um auf einen besonders wichtigen Punkt hinzuweisen.[14] In diesem Fall sollen die Philipper wissen, „dass alles, was mit mir [Paulus] geschehen ist, letztlich zur Verbreitung der Botschaft Gottes beigetragen hat".

Bist du schon mal heiser gewesen, obwohl es dir sonst gut ging? Du klingst furchtbar, fühlst dich aber sonst pudelwohl. Leute nehmen Anteil an deiner Krankheit, nur um dich flüstern zu hören: „Mir geht's gut, echt. Ich weiß, ich hör mich krank an, aber wirklich ..."

Paulus sagt im Grunde dasselbe. Man könnte zwar denken, dass er nach den ganzen Erlebnissen aus der Bahn geworfen wurde, aber eigentlich ist Paulus genau auf Kurs. Warum? Aus einem Grund. Christus wird verkündet und seine Mission wird erfüllt. „Denn hier weiß jeder – und das gilt sogar für die Soldaten der Palastwache –, dass ich für Christus in Ketten liege" (Philipper 1,13).

Die Palastwache war eine handerlesene Division der kaiserlichen Kerntruppe. Die Soldaten dieser Einheit erhielten unter anderem doppelte Bezahlung. Sie waren die Besten der Besten. Und Gott richtete es so ein, dass die Besten der kaiserlichen Soldaten an die besten Soldaten Gottes gekettet waren. Wie lange dauerte es, bevor sich Paulus klar wurde, was hier passierte? Wie lange, bevor Paulus' Blick von den Ketten auf die top ausgebildete Wache fiel und er ein Lächeln Richtung Himmel schickte? *Hmm. Mein Publikum ist ja wie gefesselt.* Er lehnt sich hinüber zum Soldaten. „Hast du mal eine Minute Zeit zum Reden?", oder: „Würde es dir was ausmachen, diesen Brief, den ich gerade schreibe, Korrektur zu lesen?", oder: „Darf ich dir mal von einem jüdischen Tischler erzählen, den ich kenne?"

Seine Worte treffen ins Schwarze. Das wird an den Schlussgrüßen an die Philipper klar: „Und auch alle anderen Gläubigen hier senden euch Grüße, besonders die, die im kaiserlichen Palast arbeiten" (Philipper 4,22).

Der Mann mag gefesselt und angekettet sein, aber die Mission war es deshalb noch lange nicht. Paulus' Kerker wird zu seinem Predigtpult – und das ist ihm ganz recht. Ihm sind alle Umstände recht, solange nur Christus gepredigt wird.

Und auch jedes Motiv ist ihm recht, solange nur Christus gepredigt wird. Erinnerst du dich noch an das Problem mit den Predigern in Rom? Paulus sagt, dass sie ihm seine „Gefangenschaft noch schmerzhafter machen" wollen (Philipper 1,17). Doch verwirft Paulus deshalb ihre Predigten? Nein, er ist sogar dankbar dafür: „Doch ob ihre Beweggründe nun ehrlich sind oder nicht: die Botschaft von Christus – auf welche Weise auch immer – wird verkündet" (Philipper 1,18).

Nur wenige Abschnitte in der Bibel zeigen einen so starken Glauben, wie Paulus ihn hatte. Er vertraute total darauf, dass Gott alles im Blick hat. Was macht es schon, wenn jemand aus schlechten Motiven predigt? Ist Gott nicht größer als sein Volk? Er übertrumpft schlechte Prediger. Seine Kraft liegt in der Wahrheit, nicht in dem Werkzeug, das die Wahrheit verkündigt.

Da Paulus das klar war, konnte er von seiner kalten Gefängniszelle aus schreiben: „Darüber freue ich mich. Und ich werde mich weiter freuen" (Philipper 1,18).

Ungerechterweise gefangen genommen. Unfreundlich behandelt. Ungewisse Zukunft. Doch unbändige Freude.

Aus der Bahn geworfen, doch immer noch im Rennen. Wie kann das denn sein? Wir können die vielen Gründe in einem einzigen Wort zusammenfassen. Alle Antworten auf ein einziges Verb reduzieren. Die Erklärungen von einer einzigen Entscheidung ableiten. Was ist dieses Wort, dieses Verb, diese Entscheidung?

Vertrauen.

Vertrauen.

Paulus vertraute darauf, dass Gott alles im Blick hat. Er wusste zwar nicht, warum ihm Böses widerfuhr. Er wusste nicht, wann sich die Probleme lösen würden. Aber er wusste, wer das Sagen hatte. Und zu wissen, wer das Sagen hat, wiegt die bohrenden Fragen nach dem Wann und Warum auf.

Vor über hundert Jahren erlebte der Bezirk West Stanley ein großes Unglück. Ein Bergwerk stürzte ein und begrub viele der Kumpel unter sich. Der Bischof von Durham, Dr. Handley Moule, wurde gebeten, ein Wort des Trostes an die Trauernden zu richten. Am Mineneingang stehend, sagte er: „Wir können nur schwer verstehen, warum Gott so ein schreckliches Unglück zulässt, aber wir kennen ihn und wir vertrauen ihm, und am Ende wird alles eine gute Wende nehmen. Ich habe zu Hause ein altes Lesezeichen", fuhr er fort, „ein Geschenk meiner Mutter. Es ist aus Seide, und wenn man es von der falschen Seite betrachtet, sieht man nichts als ein Fadengewirr. Es sieht nach einem großen Fehler aus, so, als wäre jemand am Werk gewesen, der keine Ahnung von Stickerei hatte. Doch dreht man das Lesezeichen um und schaut es von der richtigen Seite an, sieht man dort, wunderschön bestickt, die Buchstaben: GOTT IST LIEBE."

„Wir betrachten das hier heute", meinte er, „von der falschen Seite. Eines Tages werden wir es von einer anderen Seite aus sehen und dann werden wir verstehen."[15]

Das werden wir wirklich. Bis es so weit ist, konzentriere dich weniger auf die wirren Fäden auf der Rückseite und mehr auf die Hand des Webers. Nimm dir ein Beispiel an Vanderlei de Lima und lass dich durch die Zwischenfälle und Stolpersteine im Rennen nicht von der Siegesfeier abhalten.

Das nächste Mal, wenn du unter Spannung stehst, frage dich Folgendes: Nimmt Gott gerade mindestens 80 Prozent deiner Gedanken ein?
Das will er nämlich.

Muntermacher für den Tag

Wo sind deine Gedanken an harten Tagen? Vom Freitag, an dem Jesus gekreuzigt wurde, sind 13 Zitate überliefert. Zehn davon drehen sich um Gott. Fast 80 Prozent seiner Aussagen beziehen sich auf den Himmel. Den ganzen Tag redete Jesus mit Gott oder dachte an ihn.

Wenn dich Probleme aus der Ruhe bringen, dann lass dich von ihnen nicht bestimmen! Hör auf die Bibel: „Richtet also eure Gedanken nach oben und nicht auf die irdischen Dinge!" (Kolosser 3,2).

Nimm dir Paulus zum Beispiel: „So sind wir nicht auf das Schwere fixiert, das wir jetzt sehen, sondern blicken nach vorn auf das, was wir noch nicht gesehen haben" (2. Korinther 4,18).

Hast du einen harten Tag? Dann leg ihn Gott hin!

Kapitel 6

Treibstoff für Tage, an denen dein Akku leer ist

Solltest du je einen Mann mit einem leeren Benzinkanister am Straßenrand entlanggehen sehen, dann zieh den Hut vor ihm. Denn er möchte gerade am liebsten im Erdboden versinken.

Frauen ist ein leerer Tank nur ein Ärgernis. Für Männer ist es das ultimative Versagen. Uns wird der erste Autoschlüssel mit den Worten überreicht: „Geh immer sicher, dass genug Benzin im Tank ist." Von dem Moment an gilt: Kümmere dich gut um deine Maschine.

Alle anderen Männlichkeitserweise verblassen im Vergleich dazu. Ganz gleich, ob du eine Herztransplantation durchführen oder einen Fünfkampf gewinnen kannst. Sobald man mit leerem Tank auf der Strecke bleibt, ist man der jämmerlichste Mann auf der Welt. Selbst der abgebrühteste Actionheld bricht in Tränen aus, wenn er das vielsagende *Stotter*-Geräusch des Motors hört. Derartige Momente graben sich tief in das männliche Gedächtnis ein.

Zumindest gibt es sie immer noch in meinem. In den Tagen, bevor die Lucado-Mädchen ihren Führerschein hatten, diente ich als allmorgendlicher Chauffeur. Eines Tages kamen wir gerade am Schulparkplatz an, als das Auto Schluckauf bekam. Ich schaute aufs Armaturenbrett und sah, dass der Benzinzeiger schon unter die rote Markierung gerutscht war. Da ich meinen Töchtern nicht den Anblick eines tränenaufgelösten Vaters bieten wollte, trieb ich sie aus dem Auto. Sie sollten sich gefälligst beeilen, in die Klasse zu kommen. Freundlich war ich dabei ja nicht gerade ...

Nun machte ich mich daran, das Problem des leeren Tanks zu lösen. Meine erste Strategie bestand darin, die Tankanzeige anzustarren, in der Hoffnung, dass sie sich bewegen würde. Funktionierte nicht. Als Nächstes schob ich die Schuld auf meine Eltern, weil sie mich zu früh aus den Windeln herausgeholt und ans Töpfchen gewöhnt hatten. Immer noch kein Benzin. Das Problem zu leugnen war mein nächster Schritt. Ich legte den ersten Gang ein und drückte voll aufs Gas, so, als sei der Tank voll. Das Auto rührte sich keinen Millimeter vom Fleck.

Ganz schön naiv! Denkst du das gerade? Doch was machst *du* denn, wenn dir das Benzin ausgeht? Vielleicht ist nicht gerade dein Benzintank leer, aber irgendwas geht uns immer mal aus. Du solltest eigentlich gerade besonders freundlich sein, aber die Freundlichkeits-Anzeige steht auf null. Du brauchst Hoffnung, aber die Nadel ist im roten Bereich. Du brauchst mindestens zwanzig Liter Kraftstoff, bekommst aber nur ein paar Tropfen aus dir heraus. Was tun, wenn die Kraft zur Neige geht, bevor der Tag zur Neige geht? Die Tankanzeige anstarren? Den Eltern die Schuld geben? Das Problem leugnen?

Nein. Selbstmitleid gibt dem Fahrzeug auch keine Starthilfe. Beschwerden versorgen den Motor nicht mit Treibstoff. Das Problem zu leugnen schubst den Zeiger nicht an. Ist der Tank leer, so haben wir gelernt, muss man das Auto an die nächste Zapfsäule fahren. Doch sind wir ausgepowert und fühlen uns ganz leer, machen wir den gleichen Fehler wie die Jünger.

Ihnen ist nicht das Benzin ausgegangen, sondern das Essen. Fünftausend Männer haben sich mit ihren Familien um Jesus versammelt. Sie werden allmählich hungrig, und die Jünger werden allmählich nervös. „Gegen Abend kamen seine Jünger zu ihm und sagten: ‚Es wird bald dunkel. Schicke die Leute weg, damit sie in die Dörfer oder auf die Höfe in der Umgebung gehen und etwas zu essen kaufen können. Hier gibt es doch nichts'" (Markus 6,35-36).

Seine Jünger kamen zu ihm. Diese fünf Wörter deuten an, dass die

Jünger gerade eine kleine Besprechung gehabt hatten. Ein Ausschuss war entstanden, hatte getagt und einen Beschluss getroffen, und das alles in Jesu Abwesenheit. Die Jünger besprachen sich nicht mit ihrem Leiter; sie beschrieben das Problem lediglich und sagten ihm dann, was er zu tun habe.

Problem Nummer eins: der Ort. „Hier gibt es doch nichts.“

Problem Nummer zwei: die Zeit. „Es wird bald dunkel.“

Problem Nummer drei: das Budget. In einer Parallelstelle in der Bibel holt Philippus, der für die Finanzen zuständig ist, ein frisch gedrucktes Kreisdiagramm hervor: „Wir müssten 200 Silberstücke ausgeben, wenn wir für jeden auch nur ein kleines Stückchen Brot kaufen wollten“ (Johannes 6,7).

Nimmst du auch die Vorwürfe hinter den Worten der Jünger wahr? „Hier gibt es doch nichts.“ (Wer hat diesen Ort bitteschön ausgesucht?) „Es wird bald dunkel.“ (Du, der gepredigt hat, muss wohl vergessen haben, auf die Uhr zu schauen.) „Wir müssten 200 Silberstücke ausgeben.“ (Warum haben die nicht ihr eigenes Essen mitgebracht?) Der Frust der Jünger grenzt schon fast an Respektlosigkeit. Statt Jesus zu *fragen*, was sie tun sollten, *sagen* sie Jesus, was er tun soll. „Schick die Leute weg, damit sie in die Dörfer oder auf die Höfe in der Umgebung gehen und etwas zu essen kaufen können“ (Markus 6,36). Die Jünger raten Jesus, die Leute einfach wegzuschicken – doch dadurch würden sie womöglich verloren gehen!

Nicht gerade eine Glanzleistung! Hätten sie es nicht besser wissen müssen? Das wäre ja nicht das erste Problem gewesen, das Jesus vor ihren Augen gelöst hätte. Die Jünger hatten davor schon ein Wunder miterlebt: Wasser wurde zu Wein, ein Junge in Kapernaum geheilt, ein Boot voller Fische in Galiläa. Sie haben gesehen, wie Jesus ein kleines Mädchen von den Toten auferweckte, mindestens einen Dämon austrieb, mehrere Gelähmte und die Schwiegermutter eines Jüngers heilte. Sie waren Zeugen, als Jesus den Sturm stillte und den Sohn der Witwe rettete. So erstaunlich waren seine Heilungen, dass in der Bibel steht:

Jesus heilte viele von ihren Krankheiten und zwang die Dämonen, ihre Opfer freizugeben. Dabei verbot er den bösen Geistern, von ihm zu reden, denn sie wussten genau, wer er war (Markus 1,34).

Jesus wanderte durch das Land Galiläa ... und heilte alle Arten von Krankheiten und Leiden ... Man brachte viele Kranke zu ihm, die große Qualen litten: Besessene, Menschen, die Anfälle bekamen, und Gelähmte.
Jesus heilte sie alle (Matthäus 4,23-24).

Jeder versuchte, Jesus zu berühren; denn von ihm ging eine Kraft aus, die sie alle heilte (Lukas 6,19).

Erfahrene Jünger haben Jesus in Aktion gesehen. Und nicht nur die Jünger, sondern das ganze Land. Er war bekannt dafür, Unmögliches möglich zu machen. Hätten da die Jünger nicht mal auf die Idee kommen sollen, ihn zu fragen? Kommt niemand im Anschluss auf den Gedanken, den Wundertäter nach seiner Meinung zu fragen? Erheben Johannes, Petrus oder Jakobus Einspruch und sagen: „He, ich hab eine tolle Idee. Reden wir doch mal mit dem, der den Sturm gestillt und die Toten auferweckt hat. Vielleicht hat er ja einen Vorschlag."

Doch Vorsicht! Der Fehler der Jünger bestand nicht darin, eine Lösung für das Problem zu suchen, sondern darin, dass sie Christus nicht in ihre Rechnung einbezogen. Indem sie Jesus keine Chance gaben, gaben sie ihrem Tag keine Chance. Sie reservierten einen Tisch für zwölf im Restaurant des Miesen Tages.

Ungläubig! Wenn dein Vater Bill Gates wäre und dein Computer kaputt wäre, an wen würdest du dich wenden? Wenn deine Mutter die Chefin einer Designerfirma wäre und du eine schicke neue Handtasche bräuchtest, an wen würdest du dich wenden? Wenn Gott dein Vater ist und du ein Problem am Hals hast, an wen wendest du dich da?

Wenn Gott dein Vater ist und du ein Problem am Hals hast, an wen wendest du dich da?

Zweitausend Jahre später handelt ein nettes Mädchen, von dem unten die Rede ist, genauso wie die Jünger. Sie kennt Gottes Kraft, aber vertraut nicht seinem Plan. Auch sie sucht allein die Lösung und legt sie dann Gott vor. Wie er wohl darauf reagieren wird ...

ENTFACHE DEINEN GLAUBEN

Kümmert sich Gott denn nicht um mich?
Von Amy Adair

„Du ziehst weg?", fragte ich geschockt. „Wohin denn?"

Tränen kullerten Andreas Wangen hinab. „Nach Texas", sagte sie zwischen tiefen Seufzern. „Das ist tausend Kilometer weit weg."

Ich ging an dem Abend nach Hause und konnte nicht aufhören zu weinen. Meine beste Freundin zog weg und mir kam es so vor, als ließe Gott mich dadurch total im Stich. Ich hatte Andrea kurz vor dem ersten Highschool-Jahr kennengelernt und ihre Freundschaft immer als Gebetserhörung gesehen. Bevor ich Andrea traf, hatte ich ehrlich gesagt keine einzige Schulfreundin. Ich war so jemand, mit dem beim Schulmittagessen niemand zusammensitzen wollte. Aus irgendeinem Grund zogen mich die anderen immer auf und machten sich über mich lustig. Ich fühlte mich so allein.

Ich betete jeden Tag, dass Gott mir einen Menschen schenken würde, der sich mit mir anfreundete. Fast hatte ich die Hoffnung schon aufgegeben, da ließen mich meine Eltern die Schule doch noch wechseln. So lernte ich Andrea kennen. Wir merkten sofort, dass wir auf einer Wellenlänge waren. Sie war überzeugte Christin und lud mich zu ihrer Jugendgruppe ein.

Jetzt, wo Andrea wegzog, hatte ich das Gefühl, dass Gott seine Gebetserhörung zurücknahm. Ich war mir sicher, dass ich wieder das einsame Mädchen von früher sein würde, allein und deprimiert.

Andrea und ich beteten dafür, dass ihre Familie doch nicht umziehen müsste. Ich war mir sicher: Gott würde schon irgendein Wunder tun, damit Andrea nicht wegmusste. Aber schließlich kam der schicksalhafte Tag dann doch, an dem wir uns voneinander verabschieden mussten.

Zu Beginn des dritten Highschool-Jahres fühlte ich mich leerer und einsamer als jemals zuvor. Eines Tages lief ich dann einigen der Jugendlichen aus Andreas Jugendgruppe über den Weg. Ich war überrascht, als sie mich einluden, mit ihnen Mittag zu essen. Sie ermunterten mich, mal wieder zu ihrer Jugendgruppe zu kommen. Ich wusste, dass es ohne Andrea nicht dasselbe sein würde, aber ich sagte trotzdem Ja.

Schließlich erzählte ich meinem Jugendpastor, dass ich nicht verstand, warum Gott mein Gebet nicht erhört hatte. Er erklärte mir, dass Gott nicht auf alle Gebete nach unseren Vorstellungen eingeht, aber dass mich seine Antwort nicht aus der Ruhe bringen dürfe, ganz gleich, wie sie aussah. Dazu war allerdings Glauben nötig.

Dann, eines Abends bei der Jugendgruppe, traf mich plötzlich der Schlag: Gott hatte meine Gebete sehr wohl erhört. Zwar war meine beste Freundin nicht mehr da, aber Gott hatte sie durch eine tolle Jugendgruppe ersetzt.

Ich telefoniere mit Andrea immer noch und maile ihr ständig, aber inzwischen habe ich auch richtig engen Kontakt zu den anderen Jugendlichen in der Jugendgruppe. Das ist nicht von einem Tag auf den anderen gegangen, aber ich habe mich ihnen allmählich immer mehr geöffnet. Sie sind nicht nur richtig gute Freunde geworden, sondern ich kann mich auch darauf verlassen, dass sie für mich beten. Das hat mir genug Selbstvertrauen gegeben, um auch mal in der Schule die Initiative zu ergreifen und neue Kontakte zu knüpfen.

So schwer es mir fiel, als Andrea wegzog, kann ich jetzt Gottes Hand in allem sehen. Wäre Andrea nicht fortgegangen, hätte ich es wahrscheinlich nie für nötig gehalten, mir weitere Freunde in der Jugendgruppe zu suchen. Wäre Andrea immer noch meine Schulkameradin, hätte ich wahrscheinlich nie den Mut und die innere

Stärke aufgebaut, kontaktfreudiger zu sein.

Rückblickend weiß ich, dass Gott meine Gebete erhört hat. Und ich weiß auch, dass er nur das Beste für mich wollte und will.[16]

Gott antwortete ihr, genauso wie er uns antworten wird – vorausgesetzt, wir erzählen ihm unsere Probleme. Er hat Lösungen parat, die um ein Vielfaches besser sind als irgendeine Lösung, die wir uns selbst zurechtgebastelt haben.

Die Bibel zeigt dir, welche Antworten Gott bereithält:

Ist dein Problem zu groß? Gott ist jemand, der „unendlich viel mehr tun" kann, „als wir je bitten oder auch nur hoffen würden" (Epheser 3,20).

Ist deine Not zu groß? „Er wird euch großzügig mit allem versorgen, was ihr braucht. Ihr werdet haben, was ihr braucht, und ihr werdet sogar noch etwas übrig behalten, das ihr mit anderen teilen könnt" (2. Korinther 9,8).

Ist deine Versuchung zu stark? „Da er selbst gelitten und Versuchungen erfahren hat, kann er denen helfen, die in Versuchungen geraten" (Hebräer 7,25).

Weißt du nicht, was dich in der Zukunft erwartet? Gott ist derjenige, „der euch bewahren kann, damit ihr nicht fallt, und der euch bereit macht, damit ihr makellos und voller Freude seid für seine große Herrlichkeit" (Judas 5,24).

Ist dein Feind zu stark? Gott hat Kraft, „mit der er sich überall alles unterwirft" (Philipper 3,21).

Rufe dir diese Sätze jeden Tag neu in dein Bewusstsein. Gott ist mächtig; er versorgt, hilft, bewahrt, unterwirft ... Er kann Dinge tun, die unmöglich für dich sind. Sein Plan steht. Bei der hungrigen Menge „wusste [er] schon, was er tun würde" (Johannes 6,6). Gott ist nicht hilflos. Geh zu ihm, wenn du Hilfe brauchst!

Jetzt mal ganz praktisch: Sagen wir, du stehst wieder kurz vor einem heftigen Zusammenprall mit deiner Schwester. Die Gewitterwolken brauen sich am Horizont zusammen. Die Temperaturen fallen, Blitze zucken am Himmel entlang. Ihr beide braucht Geduld, aber euer Tank ist leer. Was wäre, wenn einer von euch eine Auszeit vorschlagen würde? Was wäre, wenn einer von euch sagte: „Lass uns erst mal mit Jesus sprechen, bevor wir miteinander sprechen. Besser noch, lasst uns so lange mit Jesus reden, bis wir wirklich wieder miteinander sprechen *können*"? Könnte doch nicht schaden, oder? Immerhin hat er ja das aufgewühlte Meer gestillt. Gut möglich, dass er dasselbe mit eurer Beziehung tun kann.

Gott ist mächtig; er versorgt, hilft, bewahrt, unterwirft...

Ein weiteres Beispiel: Dein Klassenkamerad ist bei Gruppenprojekten ein totaler Drückeberger. Du bräuchtest mindestens zehn Eimer voll Geduld für ihn, hast aber nur einige Tröpfchen. Statt dein bisschen Geduld übereilt zu verbraten, wende dich erst mal an Jesus. Gib deine Schwäche vor ihm zu und bitte ihn um Hilfe. Wer weiß? Gut möglich, dass er aus deinen paar Tropfen mehrere Liter macht.

Das hat er auch für den kleinen Jungen getan. Er wurde zum Helden der Geschichte:

Andreas ... meldete sich zu Wort: „Hier ist ein kleiner Junge mit fünf Gerstenbroten und zwei Fischen. Doch was nützt uns das bei so vielen Menschen?" ... Dann nahm Jesus die Brote, dankte Gott und reichte sie den Menschen, wie viel sie auch wollten. Ebenso machte er es mit den Fischen. Und alle aßen, bis sie satt waren. „Sammelt die Reste wieder ein", wies Jesus seine Jünger an, „damit nichts umkommt." Am Anfang waren es nur fünf Gerstenbrote gewesen, doch nach dem Essen wurden zwölf Körbe mit den Brotresten gefüllt, die übrig geblieben waren!

Als die Leute dieses Wunder sahen, riefen sie aus: „Dieser ist wirklich der Prophet, den wir erwartet haben. Er ist es, der in die Welt kommen soll" (Johannes 6,8.10-14).

Der Junge macht nichts weiter, als Jesus sein Mittagessen zu geben. Er legt das Problem in die Hände dessen, der genug Überblick hat, um an der Situation etwas zu ändern.

Es mag dich überraschen zu hören, dass dieser Junge, obwohl er in der Bibel nicht zu Wort kommt, in seinem Leben verbal äußerst aktiv war. Genauer gesagt war er im ersten Jahrhundert das, was wir heute einen Rapper nennen würden. Bei meinen umfangreichen archäologischen Nachforschungen habe ich den folgenden Rap-Song entdeckt, geschrieben vom Jungen mit den Broten und Fischen. Um die Wirkung des Liedes voll zu spüren, schlüpf am besten in deine Baggy-Pants, dreh deine Baseballmütze zur Seite und gib deine coolsten Gangsta-Moves zum Besten.

Gib es auf

Von *Five Loaves – Fünf Brote*

Ich hat' meine Brote und hat' meine Fische,
Alles war fertig, alles zu Tische.
Doch dann fiel sein Blick dorthin, wo ich lag,
Und ich wusste, er rief mich an diesem Tag:
Gib es auf ...
Gib es auf ...

Hast du zu kämpfen, hast du Ängste zuhauf?
Dann hör gut zu, sperr' die Lauscher fein auf.
Hast du 'ne Frage, hast du 'ne Not?
Dann mach es so, wie ich mit mei'm Brot:
Gib es auf ...
Gib es auf ...

Jesus hat Kraft, von der du nichts weißt.
Sein Herz für dich ist aus Liebe geschweißt.
Er speiste fünftausend und hatte noch Reste.
Er kann für dich sorgen und gibt dir das Beste.
Gib es auf ...
Gib es auf ...

Ob du nun ein gutes Rhythmusgefühl hast oder nicht, es bleibt dabei: Gott kann für dich Unmögliches tun. Also gib dein Problem Jesus. Mach nicht den gleichen Fehler wie die Jünger. Sie analysierten und organisierten, bewerteten und berechneten – alles ohne Jesus. Das Resultat? Sie machten sich Sorgen und wurden rechthaberisch.

Geh zuallererst zu Christus. Bring ihm dein Problem und gib es auf. Sonst geht dir der Kraftstoff aus. Das geht uns allen so. Das nächste Mal, wenn die Nadel unter den roten Strich rutscht, denk dran: Derjenige, der für die Menschenmenge gesorgt hat, ist nur ein Gebet weit von dir entfernt.

Gottes Lösung ist nur ein Gebet weit von dir entfernt!

Muntermacher für den Tag

Hast du Probleme, die du besser Gott bringen solltest? Falls ja, dann nimm dir jetzt ein bisschen Zeit, das zu tun.

Wenn dir die Probleme mal wieder über den Kopf wachsen, dann denk an den Rat von Petrus: „Ladet alle eure Sorgen bei Gott ab, denn er sorgt für euch" (1. Petrus 5,7; Hoffnung für alle).

„Alle eure Sorge werft auf ihn; denn er sorgt für euch" (1. Petrus 5,7; Lutherübersetzung).

„Überlasst all eure Sorgen Gott, denn er sorgt sich um alles, was euch betrifft" (1. Petrus 5,7; Neues Leben Bibel).

Egal, wie du den Satz übersetzt, es geht immer um dasselbe: Gottes Lösung ist nur ein Gebet weit entfernt!

Kapitel 7

„Ob er das kann?"

„Ob er sich wirklich darum kümmert?"

„Ob er tatsächlich kommen wird?"

Diese Fragen entspringen dem Herzen einer Mutter. In ihren Worten schwingt Angst mit. Ihr Gesicht verfinstert sich.

Ihr Mann bleibt noch mal an der Haustür stehen und schaut zurück in ihre müden und besorgten Augen, dann über ihre Schulter hinweg, auf die Gestalt der kranken Tochter, die hinter ihr auf der Matte liegt. Das Mädchen zittert, sie hat Schüttelfrost vom Fieber. Die Mutter zittert – vor lauter Angst. Der Vater zuckt hilflos mit den Schultern und sagt: „Ich weiß nicht, was er machen wird, aber ich weiß nicht, an wen ich mich sonst wenden soll."

Die vor dem Haus versammelte Menschenmenge macht den Weg für den Vater frei. Das würden sie jederzeit für ihn tun. Immerhin ist er ja der Vorsteher der Synagoge. Aber an diesem Tag tun sie es, weil seine Tochter im Sterben liegt.

„Gesegnet seist du, Jairus", spricht ihm jemand aufmunternd zu. Aber Jairus hört nicht hin. In seinen Ohren hallen noch die Fragen seiner Frau nach.

„Ob er das kann?"

„Ob er sich wirklich darum kümmert?"

„Ob er tatsächlich kommen wird?"

Mit schnellem Schritt bahnt sich Jairus einen Weg durch das Fischer-dorf Kapernaum. Die Menschenmasse, die ihm folgt, wird immer grö-ßer. Sie wissen, wo Jairus hinwill. Sie wissen, wen er sucht. Jairus und die Menge machen sich zum Ufer auf. Und tatsächlich. Als sie in die Nähe des Wassers kommen, sehen sie den Lehrer, der von der Men-schenmenge fast erdrückt wird. Ein Dorfbewohner geht voran, um dem Vorsteher der Synagoge den Weg zu bahnen. Die Leute reagieren und so ist es, als teile sich ein Schilfmeer aus Menschen für einen in Not. Jairus verschwendet keine einzige Sekunde. Als er Jesus sieht, geht er zu ihm, fällt vor ihm nieder und bittet „ihn inständig, seine kleine Toch-ter zu heilen. ‚Sie liegt im Sterben', sagte er verzweifelt. ‚Bitte, komm und lege ihr deine Hände auf; mach sie gesund, damit sie am Leben bleibt.' Jesus ging mit ihm, gefolgt von einer dichten Menschenmenge" (Markus 5,22-24).

Dass Jesus bereit war, sofort mit ihm zu kommen, treibt Jairus Tränen in die Augen. Zum ersten Mal seit langer Zeit trifft ein Sonnenstrahl die Seele des Vaters. Er rennt regelrecht, als er Jesus den Weg zurück zum Haus führt. In Jairus keimt Hoffnung auf: Kann es wirklich sein, dass er nur wenige Augenblicke von einem Wunder entfernt ist?

Jesus *kann* helfen!

Jesus *kümmert* sich doch!

Jesus *kommt* tatsächlich!

Jesus kann helfen! Jesus kümmert sich doch! Jesus kommt tatsächlich!

Leute springen aus dem Weg und schließen sich den beiden an. Die-ner eilen voraus, um Jairus' Frau zu unterrichten. Doch dann, genauso plötzlich wie Jesus aufgebrochen war, bleibt er stehen. Jairus merkt es nicht gleich und geht noch ein paar Schritte weiter, bevor ihm auffällt, dass Jesus nicht mehr hinter ihm ist. Auch die Leute sind stehen geblieben. Und jeder versucht, aus Jesu Frage schlau zu werden: „Wer hat meine Kleider berührt?" (Markus 5,30). Die Umstehenden blicken sich fragend an. Jemand tritt einen Schritt zurück, damit jemand anderes hervortreten kann.

Jairus kann nicht sehen, wer es ist. Und ehrlich gesagt, schert er sich auch nicht darum, wer es ist. Kostbare Sekunden verstreichen. Seine geliebte Tochter liegt im Sterben. Noch vor wenigen Augenblicken war er als Zeremonienmeister der Hoffnung einherstolziert. Doch jetzt steht er da und merkt, wie das kleine Fünkchen Hoffnung erlischt. Er schaut in die Richtung seines Hauses und dann zurück zu Jesus, und fragt sich erneut:

Ob er es wohl kann?

Ob er sich wirklich darum kümmert?

Ob er wohl tatsächlich mitkommen wird?

Wir kennen die Fragen von Jairus, weil wir seine Befürchtungen kennen. Sein Kapernaum ist unser Krankenhaus, das Büro des Schulleiters oder ein einsames Zimmer. Seine sterbende Tochter ist unser scheiterndes Schuljahr, unser gescheiterter Plan oder eine in die Brüche gegangene Freundschaft. Jairus ist gewiss nicht der Letzte, der Jesus um ein Wunder bittet.

Wir können das gut nachvollziehen. Mit einem Glauben, der kaum mehr Glaube genannt werden kann, haben wir uns Jesus zu Füßen geworfen und ihn angefleht. Seine Antwort war ein Hoffnungsschimmer. Die graue Wolkendecke riss auf. Die Sonne schien ... für eine Weile.

Doch auf halbem Weg zu unserem Wunder macht Jesus plötzlich Halt. Die Krankheit kommt wieder, der Schulleiter runzelt die Stirn, die Freundin macht Schluss, der Freund knallt die Tür zu, die Eltern trennen sich und wir finden uns bei Jairus wieder – draußen, weitab vom Schuss. Wir kommen uns wie ein winziger Punkt ganz weit unten auf Gottes langer Aufgabenliste vor und fragen uns, ob Jesus überhaupt noch einen Gedanken an uns verschwendet. Wir fragen uns, ob er es überhaupt kann, sich um unsere Probleme kümmert und ob er tatsächlich kommen wird.

Jairus spürt, wie jemand seine Schulter berührt. Er dreht sich um und blickt in das blasse Gesicht eines traurigen Dieners, der ihm mitteilt: „Deine Tochter ist gestorben. Du brauchst den Meister nicht mehr zu bemühen." (Lukas 8,49). Ich hatte schon einige Male die gleiche Aufgabe wie der Diener. Ich musste die Nachricht vom Tod eines geliebten Menschen überbringen. Ich habe einen Vater über den Tod seines heranwachsenden Sohnes informiert, meine Geschwister über den Tod unseres Dads, und bereits mehrere Kinder über den Tod eines Elternteils.

Jede dieser Nachrichten stößt auf Schweigen. Der Zusammenbruch kommt oft später. Doch zunächst herrscht Schweigen, so, als ob kein Herz die Worte fassen könnte, weil Worte eine so starke Empfindung gar nicht ausdrücken können. Wer findet in so einer Situation die richtigen Worte?

War es vielleicht ein solches fassungsloses Schweigen, in das Jesus die Worte sprach: „Hab keine Angst. Glaube nur" (Markus 5,36)?

Glauben?, mag Jairus sich gefragt haben. *Was glauben? Wie glauben? Wem glauben? Meine Tochter ist tot. Meine Frau ist verzweifelt. Und du, Jesus, du kommst zu spät. Wärst du gleich mitgekommen, als ich dich gebeten hatte, wärst du mir gefolgt, als ich zum Haus zurückging ... Warum hast du mein Mädchen denn sterben lassen?*

Damals hatte Jairus keine Antworten darauf. Aber wir wissen heute mehr. Warum hat Jesus das kleine Mädchen sterben lassen? Damit die Menschen in den nächsten zweitausend Jahren lernen sollten, dass Jesus keinen im Stich lässt. Allen, die in einer ähnlichen Situation wie Jairus sind, ruft Jesus zu: „Hab keine Angst. Glaube nur."

Glaube daran, dass er es kann. Glaube daran, dass er dir helfen wird.

Glaube daran, dass er es kann.

Und plötzlich wendete sich das Blatt in der Geschichte. Bis zu diesem Punkt war Jesus den Fußstapfen des Jairus gefolgt; jetzt nimmt er selbst das Heft in die Hand. Er übernimmt das Kommando und bringt sein Team auf die richtige Kampfgröße: „Er wies die Menge an zurückzubleiben und nahm nur Petrus, Jakobus und Johannes, den Bruder des Jakobus, mit" (Markus 5,37).

Jesus gebietet den Trauernden, dass sie sich beruhigen sollen. „Er ging hinein und sagte zu ihnen: ‚Warum sind alle so aufgeregt und weinen? Das Kind ist nicht tot; es schläft nur'" (Markus 5,39).

„Da lachten sie ihn aus. Jesus schickte sie alle weg" (Markus 5,40). Die Übersetzung lässt das, was Jesus tat, milder erscheinen, als es wirklich war. Das griechische Original benutzt einen weniger sanften Ausdruck; „ekballo" bedeutet, jemanden rauszuschmeißen oder vor die Tür zu setzen. Jesus, der Tempelreiniger und Dämonenvertreiber, krempelt wieder einmal die Ärmel hoch. Er ist der Sheriff im Saloon voller Rowdys. Mit einer Hand packt er den Kragen, mit der anderen den Gürtel und wirft die Unruhestifter auf die Straße.

Danach wendet er sich dem leblosen Körper des Mädchens zu. Er strahlt das Selbstvertrauen Einsteins aus, wenn dieser nur zwei plus zwei zusammenrechnen muss, die Selbstsicherheit Beethovens, wenn der aufgefordert wird, den Flohwalzer zu spielen, das Selbstbewusstsein Christiano Ronaldos, wenn der einen Elfmeter ins leere Tor verwandeln muss. Kann Jesus Tote lebendig machen? Na klar kann er das!

Aber berührt es ihn auch? Kann er mächtig *und* liebevoll zugleich sein? Muskeln *und* Mitleid haben? Erscheint die Not eines 12-jährigen Mädchens in Kleinkleckersdorf überhaupt auf dem Radar des Himmels?

Etwas früher in der Geschichte erfährst du die Antwort darauf. Sie ist gar nicht so leicht zu finden. Gut möglich, dass du sie übersehen hast. „Doch Jesus ging über ihre [gemeint ist die Menschenmenge] Worte hinweg und sagte zu Jairus: ‚Hab keine Angst. Glaube nur'" (Markus 5,36).

»Hab keine Angst. Glaube nur.«

Jesus hatte die Worte von Jairus' Diener gehört. Niemand musste ihm berichten, dass das Mädchen gestorben war. Obwohl er Jairus aus den Augen verloren hatte, als er mit der Frau beschäftigt war, die seine Kleidung berührt hatte und von den Dorfbewohnern umzingelt wurde, die auf ihn einredeten, so hatte er sein Ohr doch keinen einzigen Moment von dem Vater des Mädchens abgewandt. Jesus hörte die ganze Zeit zu. Er wusste Bescheid. Jairus lag ihm am Herzen, so sehr, dass er seine Ängste ernst nahm und mit zu ihm nach Hause ging.

> Jesus schickte sie alle weg; nur die Eltern und seine drei Jünger gingen mit zum Bett des Mädchens. Dann fasste er die Tochter des Jairus an der Hand und sagte: „Talita kum!" Das heißt übersetzt: „Mädchen, steh auf!" Da stand das 12-jährige Kind auf und ging im Zimmer umher (Markus 5,40-42).

Ein Wort von Jesus aus der Ferne hätte auch gereicht, um das Herz des Mädchens wieder zum Schlagen zu bringen. Aber Jesus ging es um mehr: Er wollte nicht nur zeigen, dass er das Unmögliche tun kann und dass er alles im Griff hat, sondern vor allem, dass wir uns auf ihn verlassen können.

Und manchmal erscheint er in der Gestalt einer 19-jährigen.

JUGEND MIT EINER MISSION

Mama für einen Tag in Mosambik

Veronica Morris, 19 Jahre alt, hatte nach ihrer ersten Reise nach Afrika noch lange nicht genug. Nachdem sie drei Wochen lang für Kinder in Mosambik gearbeitet hatte, kehrte sie ein Jahr später zurück, um sich weitere sechs Monate um die Kinder zu kümmern, mit ihnen zu lachen und ihnen zu helfen.

Zu einem der vielen Erlebnisse, die Veronica dort machte, gehörte ein Tag, an dem sie und die Frauen aus ihrem Team die Waisenbabys in die traditionellen „Capalanen" einwickelten. Das ist der Stoff, mit dem die Babys auf dem Rücken ihrer Mütter getragen werden. Damit machte sie sich auf in den Zoo, um einen Tag lang „Mama" zu sein. „Es sah wirklich witzig aus", sagt Veronica. „Als wir das zum ersten Mal ausprobierten, schauten uns die einheimischen Frauen zu und lachten erst mal kräftig, bevor sie uns halfen."

Das Mädchen, das Veronica trug, hieß ebenfalls Veronica. Sie war mit ungefähr einem Jahr ins Waisenhaus gekommen, damit sich ihr Vater nach dem Tod ihrer Mutter um seine anderen sieben Kinder kümmern konnte.

Das Leben in Mosambik ist nicht leicht. Nach Schätzungen der Vereinten Nationen stirbt dort jedes vierte Kind bereits vor dem fünften Lebensjahr, hauptsächlich aufgrund von unhygienischem Wasser und Unterernährung. Veronica sagt, dass das Waisenhaus eine Art Oase für die Kinder sei. „Sie haben ein starkes Interesse an Gott", erklärt sie. „Sie wollen gerne auf die Bibelschule gehen und Lehrer, Missionare oder Pastoren werden."

„Gott war dort so spürbar und hat so viel getan, dass ich am liebsten nie wieder weggegangen wäre. Es brach mir das Herz, weil uns die Kinder als Erstes fragten: ‚Wie heißt du?', und dann: ‚Wie lange bleibst du hier?' Es fiel mir äußerst schwer, sagen zu müssen: ‚Nur drei Wochen.'" Doch nach zwei Wochen wusste Veronica ganz sicher, dass sie zurückkommen würde. „Als wir uns verabschiedeten, weinten einige der kleineren Kinder und flehten uns an, doch bitte nicht wegzugehen, weshalb ich mich umso mehr freute, ihnen sagen zu können: ‚Ich komme wieder.'"

Veronica hofft, dass sie nach ihrer Zeit in Afrika eine Ausbildung als Krankenschwester machen und als Missionarin zurückkehren kann.[17]

Jesus kann die Welt in der Gestalt einer jungen Frau erreichen oder zu uns durch einen alten Freund sprechen. Wie Jesus auch kommt, er kommt zu allen. Er spricht zu allen. Er kam auch zu Sean Patrick Jackson.

Als Sean sich als Mitarbeiter für den Ferienbibelunterricht meldete, den seine Gemeinde für Kinder veranstaltete, bekam er die Rolle des „Geschichtenerzählers". Er hatte immer furchtbar Angst davor, sich vor andere hinzustellen und zu sprechen – und nun sollte er die Geschichte gleich dreimal erzählen, vor drei verschiedenen Gruppen! *Was, wenn ich mich verhaspele oder etwas vergesse?*, dachte er beunruhigt. An dem Tag, an dem er an der Reihe war, betete er viel, hauptsächlich, dass er sich nicht verhaspeln würde, aber auch, dass Gott mit ihm sein würde. Bei der ersten Gruppe ging es nicht ganz so glatt wie erhofft. „Ich vergaß einige Sätze, einige Kinder redeten dazwischen und – das war am schlimmsten – es war die größte Gruppe, und der Pastor war auch noch da", erinnert er sich. „Doch während einer der Pausen fiel mir ein Junge auf, der mich anlächelte, und das trug mich durch." Auch in der zweiten und dritten Gruppe gab es jemanden, der ihn durch sein Lächeln ermutigte und ihm Selbstvertrauen gab. „Da musste ich an das denken, was ich einige Stunden zuvor gebetet hatte: ‚Jesus, bitte sei mit mir.' Und Jesus, wie er so ist, hat mich nicht enttäuscht. Er war jeden Schritt des Weges bei mir."[18]

Manchmal brauchen wir nur ein Lächeln oder ein Wort, stimmt's? Und Gott schenkt uns das immer wieder. Den Verängstigten. Den Überlasteten. Den Niedergeschlagenen. Jairus. Dir. Er spricht dir immer wieder gut zu: „Hab keine Angst. Glaube nur."

Glaube daran, dass er es kann! Glaube daran, dass er sich kümmert! Glaube daran, dass er tatsächlich kommt! Wir haben den Glauben bitter nötig in unserem Alltag, wo uns Ängste und Sorgen die Lebensfreude aussaugen.

Wenn früher Seemänner Karten von den Ozeanen zeichneten, zeigten sich ihre Ängste. Auf die weiten, noch unerforschten Meere schrieben sie Sachen wie:

„Hier könnten Drachen sein."

„Hier könnten Dämonen sein."

„Hier könnten Sirenen sein."

Würde man eine Karte deiner Lebenswelt zeichnen, gäbe es da auch solche Warnungen? Auf den noch unerforschten Meeren der Kindheit: „Drachengefahr!" Auf dem Ozean deiner Teenagerzeit: „Vorsicht, Dämonen"? Und an den Breitengraden des beginnenden Erwachsenenalters: „Hier könnten Sirenen sein!"

Falls ja, dann lass dir von Sir John Franklin Mut machen. Er war einer der besten Seefahrer in den Tagen von König Heinrich V. Weit entfernte Meere waren ihm rätselhafte Orte, genau wie anderen Steuermännern. Im Gegensatz zu seinen Kollegen war Sir John Franklin jedoch ein Mann des Glaubens. Die Karten, die in seinen Besitz kamen, tragen den Abdruck seines Vertrauens. Auf ihnen hatte er die ganzen Warnungen durchgestrichen und stattdessen den Satz geschrieben: „Hier herrscht Gott!"[19]

Mach dir das immer wieder klar: Du kannst nie irgendwo hingehen, wo Gott nicht ist. Du kannst auf Achse sein, dich verstecken, in einer Pflegefamilie sein oder in einem Heim, aber – brenne dir diese Wahrheit in dein Herz – du kannst nie irgendwo sein, wo Gott nicht ist. „Ich bin immer bei euch", hat Jesus uns versprochen (Matthäus 28,20).

Hab keine Angst, sondern Glaube.

Nur weil man Angst hat, heißt das nicht, dass man keinen Glauben hat. Angst klopft an jede Tür. Sie darf ruhig mal zu Besuch kommen, nur mach sie nicht zu deinem Mitbewohner. Hat Angst dir nicht schon genug weggenommen? Dein Lachen? Deine Freude? Ruhige Nächte? Spannende Tage? Begegne deinen Ängsten nicht mit Pessimismus, sondern mit Glauben.

Tu was, wozu mein Vater meinen Bruder und mich aufgefordert hat. Bei den Lucados gehörte zum Sommer immer eine Urlaubsfahrt von West-Texas zu den Rocky Mountains (quasi aus dem Fegefeuer ins Paradies). Mein Dad liebte es, dort an den Ufern der Wildwasserflüsse Forellen zu fischen. Aber er wusste auch, dass die Strömungen gefährlich waren und seine Söhne leichtsinnig sein konnten. Nach unserer Ankunft suchten wir erst mal die Stellen, an denen man den Fluss sicher überqueren konnte. Er ging mit uns zum Flussufer, bis wir eine Reihe fester Felsen fanden. Manchmal legte er selbst noch ein, zwei Steine dazu, die wir mit unseren kurzen Schritten erreichen konnten.

Während wir zuschauten, testete er die Steine, denn er wusste: Wenn sie ihn hielten, hielten sie uns auch. Nachdem er an der anderen Seite angekommen war, machte er uns ein Zeichen, dass wir ihm folgen sollten.

Liegt so ein reißender Fluss zwischen dir und Jesus? Dann hüpfe getrost von Stein zu Stein, um zu ihm zu gelangen. Hätte Jairus Jesu Hilfe ausgeschlagen, hätte der Tod seine Hoffnung besiegt. Wenn du Jesu Hilfe ausschlägst, vergeht dir die Freude am Leben, dein Lachen verstummt und alle Tage, die noch vor dir liegen, trägst du schon heute zu Grabe.

Mach diesen Fehler nicht! Gib dem heutigen Tag eine Chance. Glaube daran, dass er es kann! Glaube daran, dass er sich darum kümmert! Glaube daran, dass er tatsächlich kommt! Hab keine Angst, sondern: Glaube nur!

Wende dich an Gott,
dann wird er dir entgegenkommen.

Muntermacher für den Tag

Bring Licht in deinen Tag, indem du dir vorstellst, wie Gott auf dich zuläuft. Wenn sein Volk ihm vertraute, segnete es Gott. Wenn Petrus predigte oder Paulus schrieb oder Thomas glaubte, lächelte Gott. Aber er kam nicht *angerannt*.

Das tat er allein beim verlorenen Sohn: „Er war noch weit entfernt, als sein Vater ihn kommen sah. Voller Liebe und Mitleid lief er seinem Sohn entgegen, schloss ihn in die Arme und küsste ihn" (Lukas 15,20).

Gott rennt, wenn er sein Kind sieht, das vom Schweinetrog nach Hause kommt. Wenn der Drogensüchtige aus der Gosse kommt. Wenn der Teenager sich auf der Party nicht sinnlos besäuft. Wenn sich der Perfektionist einen Fehler erlaubt, wenn sich der Esoteriker von seinen Götzen abwendet, der Materialist seinen Besitz verschenkt, der Atheist seine Skepsis überwindet und der egoistische Superstar feststellt, dass er auch nur ein Mensch ist.

Wenn verloren Geglaubte sich den Pfad hochschleppen, dann hält es Gott nicht auf seinem Stuhl. Im Thronsaal des Himmels schallt das Geräusch knarrender Sandalen und stampfender Füße wider, und Engel schauen ergriffen zu, während Gott sein Kind in die Arme schließt.

Kannst du dir die wohlige Wärme vorstellen, die du spürst, wenn Gott dich umarmt? Wende dich an ihn, du wirst sie spüren!

Kapitel 8

Draußen vor dem Übungsraum des Schulchors fand ich diesen Flyer:

High School Musical:
Oklahoma!
Vorsingen nächsten Donnerstag und Freitag

Endlich – meine große Chance! Wenn Buddy Holly und Roy Orbison den Sprung von West-Texas auf die Weltbühne geschafft haben, warum dann nicht auch ich? Ich war ein Zehntklässler, der vor verborgenem Talent nur so strotzte. Außerdem hatte ich ja schon die richtigen Stiefel, den richtigen Hut und den richtigen Akzent. Warum also nicht meine Chance nutzen?

Mein Vorsingen war ein Hit ... bis ich den Mund aufmachte. Der Musikdirektor hielt sich die Ohren zu und legte den Kopf zwischen die Knie. Draußen vor dem Fenster jaulte ein Hund. An der Wand kräuselte sich die Farbe. Der Direktor winkte ab, aber er tröstete mich mit einem Angebot. Er fragte mich, ob ich schon irgendwelche Theatererfahrungen hätte. Na ja, ich sagte ihm, dass ich ungefähr einmal im Monat ins Kino ging. Das genügte ihm. Er gab mir ein Manuskript und die Seitenzahl, wo ich meine Rolle finden würde. Richtig gelesen, Seitenzahl. Nicht Seiten*zahlen*. Seiten*zahl*. Meine Rolle passte auf eine einzige popelige

Seite. Und nicht nur das – es handelte sich sogar um nur einen einzigen Absatz auf der Seite. Genauer gesagt hatte mein Text auf einer Zeile in einem Absatz auf einer Seite Platz.

Noch heute, Jahrzehnte später, erinnere ich mich an die drei Wörter. Über die Leiche eines gerade erschossenen Cowboys gekniet, sollte ich meinen Kopf heben und verzweifelt ausrufen: *„He's daid!"* („Er ist tot!") Nicht: *„He's dead",* wie es die meisten Muttersprachler ausdrücken würden, sondern im starken Südstaatenakzent: *„He's daid, daid!"*

Andere würden sich für so eine winzige Rolle zu schade sein. Ich nicht. Meine Worte waren doch wichtig. Es muss ja auch irgendeinen geben, der den Bühnentod bekanntgibt. Ich legte alles, was ich hatte, in diese eine Zeile. Wer genau hinschaute, konnte vielleicht sogar sehen, wie sich eine kleine Träne in meinem Augenwinkel formte.

Die Autoren des Musicals wären stolz auf mich gewesen. Aber natürlich erfuhren sie nie von meinem Einsatz. Als sie die Story schrieben, dachten sie nicht an mich. Doch als Gott die seine schrieb, dachte er an uns alle.

Was ist deine Rolle? Rede dir ja nicht ein, dass du keine hast. Bei Gott hat jeder seine Aufgabe. Jeder von uns ist ein Original. Er hat dich für sein Stück gecastet, hat dir eine Rolle in seiner Story zugeteilt. Keine Aufgabe ist zu klein, keine Zeile zu kurz. Er hat ein bestimmtes Ziel für dein Leben! Erfülle es und werde dadurch erfüllt. Nimm die Rolle an, die Gott dir zugedacht hat, dann kannst du dich auf einige super Tage freuen.

Was ist deine Rolle?

Simon von Cyrene ist da ein gutes Beispiel. Er spielte eine Nebenrolle auf dem Weg zu Jesu Kreuzigung. Als Jesus sich zum berüchtigten Hügel von Golgatha hinschleppte, befahl ein römischer Soldat Simon, Jesus mit dem Kreuz zu helfen. Indem er seine Aufgabe erfüllte, tat Simon im wörtlichen Sinne das, was wir im übertragenen Sinne tun sollen: Das Kreuz auf uns nehmen und Jesus nachfolgen. „Wenn jemand mir nachfolgen will, muss er sich selbst verleugnen, sein Kreuz auf sich nehmen und mir nachfolgen" (Markus 8,34).

„Sein Kreuz auf sich nehmen" – diese Aufgabe ist nicht sonderlich beliebt. Fragt man jemanden, was sein „Kreuz" ist, hört man Antworten wie „meine Stiefmutter", „meine Aufgaben", „mein blöder Lehrer" oder „der langweilige Prediger". Unser Kreuz, so denken wir, ist alles, was uns irgendwie unangenehm oder lästig ist. Der Meinung ist auch der Duden: Ballast, Druck, Kummer, Sorge – kann ich dort als Synonyme für „Kreuz" finden. Demnach würde das Kreuz nichts weiter bedeuten, als mit einer persönlichen Herausforderung zurechtzukommen. Wir meinen, Gott verteilt Kreuze wie ein Wärter Schaufeln an die Sträflinge. Niemand will eine. Jeder bekommt eine. Jeder hat gefälligst sein Kreuz zu tragen. Da sollten wir uns am besten gleich dran gewöhnen.

Aber jetzt mal im Ernst. Beschränkt Jesus das Kreuz nur auf Alltagsprobleme und Kopfschmerzen? Geht es ihm nur darum, dass wir nicht über jedes Haar in der Suppe oder jede Nervensäge jammern sollen? Nein, das Kreuz bedeutet so viel mehr. Es ist Gottes Werkzeug der Erlösung, sein Instrument zum Heil und Beweis seiner Liebe zu uns. Sein Kreuz auf sich zu nehmen heißt also, Christi Last für die Menschen dieser Welt auf sich zu nehmen und mitzutragen.

Obwohl unsere Kreuze ähnlich sein können, sind sie doch nicht identisch. „Wenn einer von euch mit mir gehen will, muss er sich selbst verleugnen, jeden Tag aufs Neue *sein* Kreuz auf sich nehmen und mir nachfolgen" (Lukas 9,23).

Wir allen haben unser eigenes Kreuz zu tragen – unsere einzigartige Aufgabe. Deine wartet auf dich wie ein perfekt geschnittenes Kleidungsstück. Kennst du das Gefühl, schlecht passende Klamotten zu tragen? Als Jüngster in der Familie erbte ich meinen Anteil gebrauchter Klamotten von meinem Bruder. Sie bedeckten zwar meinen Körper, passten aber nicht wirklich zu meiner Figur. Die Schultern waren wie eingezwängt und der Kragen schnürte mir den Hals ab. Ich war unglücklich, bis Mom beschloss, mir endlich passende Sachen zu kaufen.

Aber du wirst noch viel glücklicher sein, wenn du deine von Gott eigens designte Aufgabe entdeckst. Sie passt. Sie passt zu dem, was dich begeistert und bringt deine Gaben und Talente zum Einsatz. Willst du die graue Wolkendecke verscheuchen, die deinem Alltag das Licht nimmt? Dann akzeptiere Gottes Aufgabe für dich!

Akzeptiere Gottes Aufgabe für dich!

John Bentley tut das. Er trägt das Kreuz für chinesische Waisenkinder. Dieser christliche Rechtsanwalt lebt in Beijing, wo er zusammen mit seiner Frau ein Waisenheim für ausgesetzte Babys leitet. Vor einigen Jahren legte eine Mutter ein Kind in einem nahe gelegenen Feld ab, in Bestattungskleider gewickelt. Keine Mitteilung, keine Erklärung, nur ein bisschen chinesisches Geld, ungefähr 1,50 Euro: die Beerdigungskosten. Die Mutter hatte ihr Kind dem Tod überlassen. Als John Bentley und seine Frau das Kind näher betrachteten, sahen sie warum. Es hatte schwere Verbrennungen von Kopf bis Fuß.

Die Bentleys konnten das Kind nicht einfach sterben lassen. Sie pflegten den Jungen nicht nur wieder gesund, sondern adoptieren ihn auch als ihren Sohn. Sie tragen das Kreuz Christi für die Kinder in China.

Michael Landon Jr. trägt das Kreuz für die Filmindustrie. Er ist dazu auf einzigartige Weise talentiert. Sein Vater, Michael Landon, war für seine Fernsehrollen beispielsweise in *Bonanza* und *Unsere kleine Farm* berühmt. Michael Landon Jr. wuchs im Umfeld der Unterhaltungsindustrie auf. Als Christus sein 19-jähriges Herz gewann, machte er sich auf, die Welt des Entertainments positiv zu beeinflussen. Er pumpt sein Können und seine Kraft täglich in ein einziges Anliegen: Filme zu drehen, die Jesus verkündigen. Wenige haben die erforderliche Professionalität und Erfahrung, um das zu tun, was er tut. Aber da Michael beides in die Wiege gelegt wurde, schultert er täglich das Kreuz Christi für Hollywood.

Joseph Royas, Frontsänger von *Seventh Day Slumber*, trägt das schwere Kreuz, Drogenabhängigkeit zu bekämpfen. Den absoluten Tiefpunkt seines Lebens hatte er erreicht, als er Geld von seiner Mom stahl, um absichtlich eine tödliche Dosis davon zu kaufen. Während er auf der

Liege eines Krankenwagens lag und seine Mom ihre Schreie gen Himmel schickte, dass Joseph überlebt, überkam ihn ein heftiges Gefühl, und er bat Jesus, ihn zu retten. Heute erzählt Joseph seine Geschichte bei jeder Show von *Seventh Day Slumber* und schätzt, dass daraufhin inzwischen mehr als zwanzigtausend Menschen Hilfe gesucht haben. Nach den Shows bleiben Joseph und seine Band noch, um persönlich mit jedem zu sprechen, der Hilfe sucht. *Seventh Day Slumber* nutzt die Gelegenheit voll aus, Kontakt mit Jugendlichen herzustellen und sie an denjenigen zu erinnern, der sie liebt.[20]

„Jeder von uns tat die Arbeit, die der Herr ihm auftrug", schrieb Paulus (1. Korinther 3,5). Was ist deine Arbeit? Was ist deine einzigartige Berufung, Aufgabe, Mission?

Ein Trio an Fragen mag bei der Beantwortung helfen.

In welche Richtung hat Gott dich bis jetzt geführt? Denke an all die Erfahrungen, die dich einzigartig machen. „Handelt nicht gedankenlos, sondern versucht zu begreifen, was der Herr von euch will" (Epheser 5,17). In welcher Kultur bist du aufgewachsen? Was hat dich besonders geprägt? Deine Vergangenheit ist ein Wegweiser für die Zukunft. Frag Mose. Seine Kindheit in Ägypten bereitete ihn darauf vor, eines Tages vor dem Pharao zu stehen. David wuchs als Schafhirte auf. Kein schlechtes Training für einen, der dazu bestimmt war, eine Nation zu hüten. Dass Paulus ein Bürger Roms war, verlängerte sein Leben und damit die Zeit, die er für die Mission hatte. Und auch deine Vergangenheit ist kein Zufall.

Was ist mit dem, das dich belastet? *Welche Nöte in der Welt hat Gott dir gezeigt?* Was bringt dein Herz zum Rasen oder macht dich traurig? Nicht jeder weint über das, worüber du weinst. Nicht jeder hat die gleichen Verletzungen wie du. Achte auf die Verletzungen und Leidenschaften deines Herzens. Was wollen sie dir vielleicht sagen? „Wir wollen den Wettlauf bis zum Ende durchhalten, für den wir bestimmt sind" (Hebräer 12,1), und das ist für jeden ein ganz individueller Wettlauf. Hast du eine Idee, wie das Rennen aussieht, das Gott für dich bestimmt hat?

Welche Fähigkeiten hat Gott dir gegeben? „Doch hat jeder von uns seinen Anteil an der Gnade geschenkt bekommen, so wie Christus sie uns geschenkt hat" (Epheser 4,7). Was fällt dir leicht? Einige können gut mit Zahlen umgehen. Andere können gut mit Menschen umgehen. Es gibt etwas, worin du dich gegenüber anderen auszeichnest, ohne dir furchtbar viel Mühe dabei geben zu müssen. Daniel Sharp ist in der Gemeinde großgeworden, in der ich Pastor bin. Während seines Studiums lebte er eine Weile in Moskau, um dort Infinitesimalrechnung, Elektrizität, Magnetismus und Poesie zu studieren – auf Russisch. Und dann noch diese Fächerkombination! Doch ihm machten die Kurse so viel Spaß, dass er seinen Eltern e-mailte: „Kann das nicht jeder?" Nicht wirklich, oder? Aber die Tatsache, dass Daniel es kann, sagt etwas über seine einzigartige Lebensbestimmung aus.[21]

Auch dir fällt irgendetwas leicht. Finde heraus, was es ist! „Jeder achte genau auf sein eigenes Leben" (Galater 6,4).

Das ist Gottes Richtung. Deine Bedürfnisse. Deine Fähigkeiten. Deine geistliche DNA. Das bist *du* in Topform. Du und dein Kreuz.

Gottes Richtung. Deine Bedürfnisse.
Deine Fähigkeiten. Das ist deine geistliche DNA.

Zwar kann niemand von uns die Sünde der Welt tragen (das hat Jesus getan), aber wir alle können eine Last für die Welt tragen. Jesus sagt in der Bibel: „Die Last, die ich euch auflege, ist leicht" (Matthäus 11,30). Das Kreuz ist eine gute Last, die dich nicht fertigmachen wird. Sie ist eine angenehme Verantwortung. Kannst du dir das nicht vorstellen? Dann stell die Wahrheit mal auf die Probe! Besuche mit einigen Freunden ein Altersheim. Wetten, dass du hinterher glücklicher sein wirst als vorher? Hilf beim Vorschulunterricht mit. Wetten, dass du mehr dabei lernen wirst als die Kinder? Reserviere dir einen Samstag, um in einem Obdachlosenheim mitzuhelfen. Da wirst du eine weitere Wahrheit entdecken: Wenn du anderen hilfst, mit ihrem Tag klarzukommen, hauchst du deinem eigenen Tag neues Leben ein. Daniel Kent entdeckt diese Wahrheit jeden Tag aufs Neue.

Student auf einer Wellenlänge mit Senioren

Von Katie Wampler

Er ist höchstwahrscheinlich das jüngste Vorstandsmitglied aller Zeiten bei Carmel's Prime Life Enrichment. Laut Sandy Stewart, der Vorsitzenden dieser Organisation für Senioren, legt Daniel Kent, Student im zweiten Studienjahr, eine ungewöhnliche Leidenschaft für ältere Menschen an den Tag. „Er ist eine Inspiration", sagt sie.

Doch Daniel hat ein anderes Bild von sich selbst. Er sah einfach eine Not und handelte entsprechend. „Wenn ich morgens aufwache, freue ich mich richtig auf die Volontärsarbeit", sagt Daniel. „Es bringt total Spaß."

Es fing alles an, als Kent sich auf sein erstes Highschool-Jahr vorbereitete. Er brachte in einer öffentlichen Bibliothek Senioren ehrenamtlich Computerkenntnisse bei. Eines Tages kam ein älterer Herr, der Daniels Kurs mitgemacht hatte, auf ihn zu und sagte, er hätte einen Freund in einem Altersheim, der auch gerne mit Computern umgehen lernen wollte, der aber nicht zur Bücherei kommen könne.

„Ich wollte seinem Freund gerne helfen", sagte Kent, „also schaute ich mich nach einer Organisation um, die Senioren Computerkenntnisse vermitteln könnte." Aber Daniel fand keine.

„So wurde Senior Connect ins Leben gerufen und inzwischen haben wir richtig was geschafft."

Noch vor seinem Studium hatte er eine gemeinnützige Organisation gegründet, die heute 250 Mitglieder hat und Senioren in Altersheimen und mit Wohnsitzen in ganz Zentral-Indiana hilft. Die ehrenamtlichen Mitarbeiter von Senior Connect verbringen ihre Samstage und anderen freien Tage oft damit, in diesen Einrichtungen zu arbeiten, sagt Daniel.

Und die Organisation wächst weiterhin.

Daniels Projekt wurde über Indiana hinaus bereits in den ganzen USA bekannt. Dieses Jahr ernannte die CNN Daniel zu einem von neun Trägern des Do Something BRICK-Preises, eine Ehrung, die das Nachrichtennetzwerk den „Oskar unter den Jugenddienstpreisen" nennt. Neben der Anerkennung erhielt Daniel ein Stipendium im Wert von 10.000 Dollar dafür, dass er in 61 betreuten Wohneinrichtungen und Altersheimen Computer eingerichtet hat, die in seinem Bundesstaat bisher insgesamt 10.000 Senioren zugute gekommen sind.

Sandy Steward fügt hinzu: „Herr Kent ist ein bemerkenswerter junger Mann, der ein Bedürfnis sah und etwas dagegen unternommen hat."

Daniel hat die Hoffnung, seine Organisation auf nationaler Ebene ausweiten zu können und das Konzept von Senior Connect an zahlreiche Orte weiterzutragen.

Unterm Strich, so meint Daniel, kommt es vor allem auf gute Zusammenarbeit an: „Es stimmt zwar, dass ein einziger Mensch etwas bewirken kann. Aber mithilfe von Teamwork können wir wirklich die Welt verändern."[22]

Daniel Kent hat bereits so viel in seinen 18 Lebensjahren erreicht, dass viele engagierte Erwachsene das Gefühl haben könnten, sie seien egoistische Faulpelze. Also, pack's an! Finde deine Aufgabe anhand deiner geistlichen DNA! Dein Alter oder die Mittel, die du zur Verfügung hast, sind dabei erst mal Nebensache.

Checke dein Leben! Nimm wahr, wer dich berührt! Irgendeine Sache bringt Leidenschaft in deine Stimme, Überzeugung in dein Gesicht und Geradlinigkeit in deinen Gang. Dann identifiziere es und verliere es nicht aus den Augen! Nichts beschert deinem Tag größeres Glück als eine ordentliche Portion Begeisterung.

Impfe deinen ziellosen Tagen Leidenschaft ein, indem du etwas für andere tust!

Muntermacher für den Tag

Bitte Gott, dass er deinen Tag mit seiner Leidenschaft füllt.

Bete für jeden Menschen, dem du begegnest. Zieh kein Gesicht auf langen Busfahrten, ärgere dich nicht über den überfüllten Fahrstuhl. Das alles sind Gelegenheiten für Gebete. Mach dich für andere im Gebet stark, bete „immer und in jeder Situation" (Epheser 6,18). Nimm dir Epaphras zum Vorbild, von dem Paulus schreibt: „Er dient Jesus Christus und lässt nicht nach, für euch zu beten" (Kolosser 4,12). Er mühte sich, er strengte sich an, er kämpfte im Gebet. Ich stelle mir dabei ein verzerrtes Gesicht, tränenbenetzte Wangen und zusammengeballte Fäuste vor.

Unterhalte dich mit anderen über deinen Glauben. Frag doch einfach mal deine Freunde und Familie: „Was denkt ihr, geschieht nach dem Tod?" – „Wer ist Gott für dich?" Auch Jesus hat solche Fragen gestellt: „Und für wen haltet ihr mich?" (Markus 8,29). Lasst uns ihm folgen!

Liebe andere, weil Gott dich liebt. Leute können ziemlich immun gegen unsere Liebe sein. Liebe sie trotzdem. „Gott selbst hat uns geboten, nicht nur ihn, sondern auch unseren Nächsten zu lieben" (1. Johannes 4,21).

Für wen kannst du beten, mit wem kannst du reden, wen kannst du lieben ... heute?

Kapitel 9

Kraft für Tage, an denen eine Entscheidung ansteht

Dan Mazur hielt sich für einen glücklichen Menschen. Die meisten hielten ihn eher für verrückt. Er war der Spitze des Mount Everest nahe, nur noch dreihundert Meter höher, weniger als zwei Stunden Klettern, bis er sich einen lebenslangen Traum erfüllt haben würde.

Jedes Jahr machen die fittesten Abenteurer der Welt diesen 8848 Meter hohen Gipfel zum Ziel ihrer Träume. Und jedes Jahr sterben einige bei dem Versuch. Die Spitze des Everest ist nicht gerade für ihre Gastfreundschaft bekannt. Bergsteiger nennen den Bereich über 7925 Meter „die Todeszone".

Temperaturen weit unter null. Plötzliche Schneestürme, die einem die Sicht blockieren. Kaum Sauerstoff zum Atmen. Kein Wunder, dass die Gipfelregion ein Friedhof ist. Erst zehn Tage vor Mazurs Versuch war ein britischer Bergsteiger ums Leben gekommen. Vierzig Bergsteiger, die ihm hätten helfen können, entschieden sich dagegen. Sie gingen auf ihrem Weg zur Spitze einfach an ihm vorbei.

Der Everest kann grausam sein.

Und dennoch – Mazur war überglücklich. Zusammen mit zwei Kameraden war er bereits in Sichtweite des Gipfels – nach jahrelangem Planen. Sechs Wochen Aufstieg. Und nun, am 25. Mai 2006 um 7.30 Uhr, herrschte vollkommene Ruhe, die Morgensonne schien hell und genug Kraft für den Endspurt war vorhanden. Da fiel ihm ein Farbfleck ins

Auge: ein Stück gelber Stoff an der Spitze des Bergkamms. Zunächst hielt er es für ein Zelt. Bald sah er jedoch, dass es ein Mensch war, ein Mann, der gefährlich nah am Rand eines rasiermesserdünnen Felsvorsprungs hockte. Er trug keine Handschuhe mehr, der Reißverschluss seiner Jacke war offen. Hände und Brust waren der eisigen Kälte ausgesetzt. Sauerstoffmangel kann Hirnschwellungen erzeugen und Halluzinationen hervorrufen. Mazur wusste, dass dieser Mann keine Ahnung hatte, wo er war, also kletterte er in seine Richtung und rief ihm zu.

„Kannst du mir sagen, wie du heißt?"

„Ja", antwortete der Mann und grinste, „kann ich. Ich heiße Lincoln Hall."

Mazur war geschockt. Er kannte den Namen. Zwölf Stunden zuvor hatte er die Nachricht im Radio gehört, dass Lincoln Hall auf dem Berg verunglückt sei. Sein Team habe ihn tot am Abhang zurückgelassen.

Und obwohl er die Nacht bei minus 20 Grad in einer extrem sauerstoffarmen Luft verbracht hatte, war Lincoln Hall noch immer am Leben. Mazur stand einem Wunder aus Fleisch und Blut gegenüber.

Aber er musste auch eine wichtige Entscheidung treffen. Ein Rettungsversuch barg erhebliche Risiken. Der Abstieg war sowieso schon tückisch, umso mehr mit der zusätzlichen Last eines halb toten Mannes auf den Schultern. Außerdem: Wie lange würde Hall noch durchhalten? Das konnte niemand sagen. Vielleicht würden die drei Bergsteiger den Everest-Gipfel für nichts und wieder nichts aufgeben. Sie mussten sich entscheiden: ihren Traum aufgeben oder Lincoln Hall.

Sie entschieden sich, auf die Erfüllung ihres Traumes zu verzichten. Die drei kehrten dem Gipfel den Rücken zu und begannen den mühsamen Abstieg.[23]

Ihre Entscheidung, Halls Leben zu retten, wirft eine große Frage auf: Würden wir dasselbe tun? Unseren Ehrgeiz aufgeben, um einen anderen zu retten? Unsere Träume beiseiteschieben, um einem anderen Bergsteiger zu Hilfe zu kommen? Unsere Träume platzen lassen, damit ein anderer vielleicht überlebt?

Fast täglich stehen wir vor solchen Entscheidungen. Nicht auf dem

Everest zusammen mit Abenteurern, aber zu Hause mit Eltern und Geschwistern, in Schulen mit Freunden, in Gemeinden mit anderen Christen. Wir stehen regelmäßig leicht zu übersehenden, doch wichtigen Entscheidungen gegenüber, bei denen sich immer wieder die eine Frage stellt: Wer ist wichtiger – die anderen oder ich selbst?

Wer ist wichtiger - die anderen oder ich selbst?

Wenn die Eltern die beste Schule für die Kinder über die eigene Karriere stellen.

Wenn der Schüler sich zu den Außenseitern statt zu den Coolen setzt.

Wenn eine Enkelin den Samstag damit verbringt, mit ihrem gebrechlichen Opa Dame zu spielen.

Wenn eine Frau ihre Teilnahme an den Olympischen Spielen ihrer besten Freundin zuliebe absagt ...

Kein Witz. Das passierte, als Kay Poe und Esther Kim, beste Freundinnen, es ins Finale der Anwärter des Taekwondo-Teams der USA schaffte. Allerdings hatte Kay im Halbfinale ihre Kniescheibe ausgerenkt. Man glaubte deshalb, dass Esther Kay leicht schlagen und damit das Privileg haben würde, an den Olympischen Spielen teilnehmen zu dürfen. Für Esther Kim kam das jedoch überhaupt nicht infrage. Statt ihre Freundin in einem unfairen Wettkampf zu schlagen, gab Esther den Kampf freiwillig auf und machte dadurch Kay den Weg zu den Olympischen Spielen frei.[24]

Wenn du dich wie Esther Kim anderen zuliebe von deinen persönlichen Träumen abwendest, dann gibst du deinen Egoismus auf und – in Christi Worten – verleugnest dich selbst. „Wer von euch mir nachfolgen will, muss sich selbst verleugnen und sein Kreuz auf sich nehmen und mir nachfolgen" (Matthäus 16,24).

Erica Reese war alles andere als egoistisch. Sie nahm ihr Kreuz auf sich und hatte anderen zuliebe ein großes Ziel vor Augen. Zusammen mit Freunden und ihrer Familie investierte sie unglaublich viel Mühe, um das Leben von Kindern auf der anderen Seite der Welt zu verändern – von Kindern, die wir vielleicht nicht gerade für die freundlichsten halten würden und die wahrscheinlich noch nie von Christus und seinem Kreuz gehört hatten.

ZEITUNGSBERICHT AUS ELGIN

Kinder aus Niceville sammeln Geschenke für Kinder im Irak
Von Sheila Vaughen

Erica und ihre Mutter Diana Reese sammelten Spenden im Wert von ungefähr 10.000 Dollar für die Kinder einer irakischen Schule, die sich in der Nähe des Luftwaffenstützpunktes in Balad, Irak, befindet. Mit den Spenden, bestehend aus Schulmaterialien und Geld, wurden 250 Taschen befüllt, anschließend verpackt und abgeschickt.

Unter dem Namen „Operation Irakische Freundschaft" wurde das Projekt von Frau Reese, Erica, ihrem 12-jährigen Bruder Tim, ihrer 7-jährigen Schwester Bailey und einem Freund der Familie, dem 15-jährigen Brad Steinke, geleitet. Zahlreiche Kinder aus Niceville kamen hinzu, um unzählige Stunden beim Projekt mitzuhelfen, das hauptsächlich wegen des Irak-Einsatzes von Major Keith Peloquin entstanden war.

Major Peloquin, ein Freund von Frau Reese, spielte eine bedeutende Rolle, denn er war es, der den Kontakt zu der irakischen Schule herstellte. Kurz vor dem Ende seines Irak-Einsatzes gab Major Peloquin das Projekt an Oberstleutnant Graig King weiter. Leutnant King, der eine Tochter an der Niceville High School hat, hilft außerdem dabei, das Material an die Kinder zu verteilen. Er ist überzeugt, dass das Projekt einen wichtigen Zweck erfüllt.

„Das ist ohne Frage eine gute Sache … diese Kinder leben in einem Umfeld, wo sie wichtige Entscheidungen treffen müssen, die eigentlich erst Erwachsene treffen sollten. Sie werden nie vergessen, dass amerikanische Kinder und Soldaten keine Mühe gescheut haben, um ihnen unter die Arme zu greifen", sagt Leutnant King.

Frau Reese berichtet, dass die erste Reaktion der irakischen Kinder darin bestand, die Materialien mit anderen teilen zu wollen.

„Jedes Kind bekam eine Schachtel Stifte, aber sie wollten jeder nur einen Stift behalten, weil sie es nicht gewohnt waren, mehr zu bekommen", erzählt sie. „Wir erfuhren von Kindern, die nur eine Malkreide nahmen und sie in zwei Stücke brachen, um ihrem Sitznachbarn die andere Hälfte zu geben."

Die irakischen Kinder hätten anfangs nur eine Farbe benutzt, um Bilder zu malen, weil sie noch nie eine ganze Schachtel voller Stifte mit unterschiedlichen Farben besessen hatten, die sie nach Belieben benutzen durften.

Die „Operation Irakische Freundschaft" erwuchs aus der Freude, die Erica, Tim, Bailey und Brad dabei hatten, als sie Pakete für Soldaten und Militärpersonal im Zweiten Irakkrieg packten.

Kurz nach Weihnachten wurden aus den Paketen für amerikanische Soldaten Päckchen für irakische Schulkinder.

Obwohl mit dem Projekt den irakischen Schülern bereits geholfen werden konnte, ist es noch nicht vorbei. Jetzt sammelt Frau Reese mit ihren Kindern Schuhe, weil sie mitbekommen hat, dass 80 Prozent der Kinder in Irak keine besitzen. Außerdem legen sie Babykleidung und andere Sachen für den alltäglichen Gebrauch zusammen.

Die Kinder, die maßgeblich am Projekt beteiligt sind, haben durch ihre praktische Nächstenliebe Wertvolles dazugelernt.

„Wir haben gelernt, wie viel wir als selbstverständlich hinnehmen", sagt Tim.

Und Brad fügt hinzu: „Es ist ein gutes Gefühl, zu wissen, wie sehr wir einigen Kindern geholfen haben".[25]

Wir werden die volle Auswirkung, die die „Operation Irakische Freundschaft" auf die irakischen Kinder hat, wohl nie erfahren. Diese für die Kinder unfassbar großen Geschenke – *mehr als einen Stift?* – hinterlassen bei ihnen ohne Zweifel einen großen Eindruck. Doch nicht nur auf sie, sondern auch auf ihre Familien und die Gesellschaft als Ganzes – und das alles, weil eine Familie ein Kreuz auf sich genommen hat.

Das bringt uns zu dem überraschendsten Bestandteil eines tollen Tages: Selbstverleugnung.

Nehmen wir nicht eigentlich das Gegenteil an? Dass großartige Tage wie Blumen aus dem Boden des Sichgehenlassens und der Selbstdarstellung hervorsprießen. Also verwöhn dich; gönn dir was; lebe deine Träume ohne Rücksicht auf andere aus. Aber sich selbst verleugnen, auf etwas verzichten? Wann hast du das letzte Mal den Werbeslogan gehört: „Na los! Verzichte mal auf was, dann wirst du dich prächtig amüsieren!"?

Solche Worte hätten von Jesus kommen können. Er ging oft gegen die damaligen Zustände an. Und auch heute noch hat er uns viel zu sagen. Er ruft uns nicht wie die Gesellschaft dazu auf, immer höher zu streben und immer mehr zu besitzen, sondern legt ganz andere Maßstäbe vor:

In seiner Weltordnung
- ist der Geringste der Größte (Lukas 9,38),
- werden die Letzten die Ersten sein (Markus 9,35),
- und sind die besten Plätze nicht die, die wir anstreben sollten (Lukas 14,8-9).

Er sagt uns, dass wir andere höher achten sollen als uns selbst (Römer 12,10), von anderen mehr halten sollten als von uns selbst (Philipper 2,3), die andere Wange hinhalten, unseren Mantel hingeben und freiwillig die zweite Meile mitgehen sollen (Matthäus 5,39-41).

Gerade diese letzte Aufforderung traf damals bestimmt einen empfindlichen Nerv bei den Juden. „Und wenn einer von dir verlangt, eine Meile mit ihm zu gehen, dann geh zwei Meilen mit ihm!" (Matthäus 5,41).

Die Menschen zur Zeit Jesu litten unter der fremden Herrschaft. Sie wateten durch jahrhundertealten Schlamm: Von den Heiden unterdrückt, warteten sie auf den Messias, der sie befreien sollte.

Einige begingen daraufhin Verrat, passten sich ans System an und nutzten es zu ihrem eigenen Vorteil aus. Andere flüchteten. Wieder andere beschlossen, zurückzuschlagen.

Es gab also drei Möglichkeiten: Verrat begehen, flüchten oder zurückschlagen.

Jesus schlug eine vierte vor: Dienen. Diene denen, die dich hassen; verzeih denen, die dich verletzen. Nimm den untersten Platz ein, nicht den höchsten; bemühe dich zu dienen, nicht dich bedienen zu lassen. Übe nicht Vergeltung, sondern Vergebung. Er schuf das, was wir die „Gesellschaft der Zweiten Meile" nennen könnten.

Das Gesetz erlaubte es den römischen Soldaten, die jüdischen Bewohner dazu zu verdonnern, dass sie ihnen ihr Gepäck für eine Meile schleppten.[26] Es bedurfte nur eines Befehls und schon konnten sie einen Bauern von seinem Feld oder einen Kaufmann von seinem Laden wegrufen.

Jesus gab für solche Fälle eine Empfehlung raus: „Gib mehr als verlangt!" Geh zwei. Geh am Ende der einen Meile einfach weiter. Bereite dem Soldaten eine solche Überraschung, dass er aus den Latschen kippt, indem du sagst: „Ich habe noch nicht genug für dich getan. Lass mich noch eine zweite Meile gehen." Tu mehr, als von dir verlangt wird. Und tue es mit Freude und Liebe!

Gib mehr als verlangt!

Die „Gesellschaft der Zweiten Meile" gibt es immer noch. Ihre Mitglieder geben riesengroße Träume auf, damit sie erschöpfte Bergsteiger in Sicherheit bringen können.

Wir haben einen „Zweite-Meile-Diener" in unserer Gemeinde. Von Beruf ist er Architekt. Doch seine Leidenschaft ist das Dienen. Er kommt vor jedem Gottesdienst ungefähr eine Stunde früher und macht seinen gewohnten Rundgang durch die Männertoiletten. Er wischt die Waschbecken, reinigt die Spiegel, überprüft die Toiletten und sammelt Papier vom Boden auf. Niemand hat ihn gebeten, diese Arbeit zu tun; nur sehr wenige wissen überhaupt, dass er sie tut. Er erzählt niemandem davon und fordert keine Gegenleistung. Er gehört der „Gesellschaft der Zweiten Meile" an.

Genauso wie die 17-jährige Rashaeda Nykwae Bryant, eine „Zweite-Meile-Geherin" in dritter Generation. Von ihrer Großmutter inspiriert, gründete sie eine gemeinnützige Organisation namens PEACE: *Pupils Engaging and Achieving in Community Excellence* („Schüler, die sich für das Wohl ihres Ortes einsetzen"). Rashaeda schreibt es ihrer Großmutter zu, dass sie zu dem Menschen wurde, der sie heute ist: „Sie hat mich immer ermutigt, dranzubleiben und etwas zu tun, was sonst noch keiner getan hat." Sprich, die zweite Meile zu gehen.[27]

Eine weitere „Zweite-Meile-Geherin" engagiert sich in unserer Kinderarbeit. Sie bastelt, backt leckere Kekse und kreiert Geschenke, die die Kleinen mit nach Hause nehmen können. Es reicht ihr jedoch nicht, einfach schnell irgendetwas zu basteln. Sie verleiht dem Ganzen einen besonderen Touch. Als das Thema einer Kinderstundengruppe „In den Fußstapfen Jesu" war, machte sie Kekse in Fußform. Sie machte sich die Arbeit, auf jeden Keks Fußnägel zu malen. Wer macht so was schon?

„Zweite-Meile-Menschen" machen das. Sie machen Toiletten sauber, setzen sich für das Wohl ihres Ortes ein, verzieren Kekse und gestalten Jugendräume bei sich zu Hause. Zumindest haben Bob und Elsie das getan. Sie haben einen Innenpool gebaut sowie eine Tischtennisplatte und einen Kickertisch gekauft. Sie haben ein Freizeitparadies geschaffen.

Nicht ungewöhnlich, meinst du? Oh, ich vergaß ihr Alter zu erwähnen. Sie haben das alles mit über 70 getan, und zwar, weil sie ein Herz für die einsamen Jugendlichen der Innenstadt von Miami hatten. Bob konnte nicht schwimmen. Elsie konnte kein Tischtennis spielen. Aber die Kinder kubanischer Immigranten konnten das. Entsprechend konnte man Bob jede Woche in seinem Cadillac sehen, wie er durch Little Havana fuhr und Teenager aufsammelte, die andere Leute links liegen gelassen hatten.

Die „Gesellschaft der Zweiten Meile". Ich verrate dir, woran du ihre Mitglieder erkennen kannst. Sie zeigen keine Abzeichen oder Uniformen vor; sondern sie zeigen ein Lächeln. Sie haben ein Geheimnis entdeckt, nämlich, dass etwas zusätzlicher Aufwand Freude bringt. Das Höchste liegt nicht darin, seinen eigenen Everest zu erklimmen, sondern darin, anderen Bergsteigern zu helfen.

Zusätzlicher Aufwand bringt Freude.

„Zweite-Meile-Menschen" lesen Jesu Aussage: „Es ist segensreicher zu geben als zu nehmen" (Apostelgeschichte 20,35) und nicken bestätigend. Sie hören die Warnung: „Wer an seinem Leben hängt, wird es verlieren" (Matthäus 10,39) und wissen aus Erfahrung, dass das stimmt. Sie haben entdeckt, dass Selbstaufopferung der Weg ist, um sich selbst und Jesus zu finden: „Wer sich an sein Leben klammert, der wird es verlieren. Wer aber sein Leben für mich einsetzt, der wird es für immer gewinnen" (Lukas 9,24).

Den wirklichen Lohn wirst du erst am zweiten Meilenstein bekommen, nicht schon nach der ersten Meile oder nach anderthalb Meilen.

Vielleicht kannst du's dir so vorstellen: Nimm an, du hast ein Spülbecken voll schmutzigen Geschirrs vor dir. Du willst es nicht abwaschen. Viel lieber würdest du was mit deinen Freunden machen. Aber deine Mutter hat ganz deutlich gesagt: Spül das Geschirr.

Du maulst, du meckerst und fragst dich, wie du es anstellen könntest, dass deine Eltern dich zur Adoption freigeben. Dann – weiß der Kuckuck woher – kommt dir mit einem Mal eine wahnwitzige Idee. Was, wenn du deine Mutter überraschst, indem du nicht nur das Geschirr sauber machst, sondern gleich die ganze Küche? Ein Lächeln schleicht sich auf dein Gesicht. *Ich fege den Boden und wische die Schränke ab. Vielleicht ordne ich sogar den Kühlschrank neu!* Und aus irgendeiner unbekannten Quelle kommt ein neuer Schub Energie. Eine öde Pflicht wird zu einer spannenden Angelegenheit. Warum? Das Stichwort lautet „Freiheit". Du bist von einem Sklaven zu einem Freiwilligen aufgestiegen.

Das ist die Freude an der zweiten Meile.

Vielleicht hast du sie ja bereits entdeckt? Oder doch noch nicht?

Dein Tag bewegt sich mit dem Tempo eines Eisbergs voran und ist so aufregend wie ein Klöppelwettbewerb. Du tust, was von dir verlangt wird, aber mehr auch nicht. Du bist verantwortungsbewusst, verlässlich und höchstwahrscheinlich zu Tode gelangweilt. Du träumst von Freitagen, Strandtagen, einer anderen Familie, einer anderen Schule, und das, obwohl du vielleicht nur eine andere Einstellung brauchst. Gib diesem Tag eine Chance!

Tue jeden Tag etwas Gutes, ohne dass du dafür eine Belohnung erwartest! In seinen letzten Tagen war Jesus noch einmal in Bethanien zum Essen eingeladen.

Seine Freunde Lazarus, Martha und Maria waren auch dabei. Schon in wenigen Tagen sollte er das Brennen der römischen Peitsche, die Spitzen der dornigen Krone und das kalte Eisen der Nägel zu spüren bekommen. Doch an diesem Abend spürte er einzig und allein die Liebe von drei Freunden.

Maria reichte es jedoch nicht, ihm nur ein Essen zu machen. „Da nahm Maria ein zwölf Unzen fassendes Fläschchen mit kostbarem Nardenöl, salbte Jesus mit dem Öl die Füße und trocknete sie mit ihrem Haar. Der Duft des Öls erfüllte das ganze Haus" (Johannes 12,3).

„Ein-Meilen-Geher" der Gruppe – wie Judas – kritisierten die Tat als verschwenderisch. Doch nicht so Jesus. Er nahm die Geste als ein außergewöhnliches Zeichen der Zuneigung an, denn eine Freundin gab ihren wertvollsten Besitz her. Ob er wohl noch den Duft auf seiner Haut roch, als er am Kreuz hing?

Nimm dir Maria zum Vorbild!

Vielleicht gibt es in deinem Umfeld oder in der Nachbarschaft einen älteren Mann, der gerade seine Frau verloren hat. Eine Stunde deiner Zeit würde ihm unglaublich wertvoll sein.

Einige Kinder in deiner Stadt haben keinen Papa. Es gibt keinen Vater, der mit ihnen ins Kino oder zu einem Fußballspiel geht. Vielleicht kannst du das übernehmen. Oberflächlich gesehen können sie dir das nicht zurückzahlen. Sie können sich noch nicht mal das Popcorn und ein Getränk leisten. Aber das Strahlen auf ihrem Gesicht wird so breit wie eine Melonenscheibe sein.

Oder wie wär's damit? Nicht weit von deinem Zimmer entfernt lebt eine Person, die den gleichen Nachnamen trägt wie du. Schockiere sie doch mal mit etwas völlig Außergewöhnlichem! Mit etwas völlig Ausgeflipptem. Du erledigst deine Hausaufgaben ohne Murren. Bringst Frühstück an ihr Bett. Schreibst einen längst überfälligen Dankesbrief. Räumst dein Zimmer auf, einfach so.

Willst du deinen Tag den Klauen der Langeweile entreißen? Dann mach etwas wirklich Großzügiges, etwas, für das du keine Gegenleistung forderst. Sei freundlich ohne Entlohnung. Stell etwas Gutes an, was man dir nicht bezahlen kann.

Hier ist noch eine Idee: *Sei dir nicht zu fein.*

Moses war sich ganz sicher nicht zu fein. Einer der größten Führungspersönlichkeiten der Geschichte war „sehr demütig, es gab niemanden auf der Erde, der demütiger war als er" (4. Mose 12,3).

Maria war sich nicht zu fein. Als Jesus ihren Mutterleib zu seiner Wohnung machte, bildete sie sich nichts darauf ein. Sie bekannte nur: „Ich bin die Dienerin des Herrn und beuge mich seinem Willen" (Lukas 1,38).

Johannes der Täufer war sich nicht zu fein. Obwohl er verwandt mit Jesus war, begnügte er sich damit: „Er muss immer größer werden und ich immer geringer" (Johannes 3,30).

Vor allem war sich Jesus nicht zu fein. Er wurde „geringer als die Engel gemacht" (Hebräer 2,9).

Er verzichtete auf das, was ihm als Gottes Sohn zustand. Jesus entschied sich fürs Arbeiterquartier und nicht für die Chefetage. Können wir das nicht auch?

Wir sind zwar wichtig, aber nicht entscheidend; wertvoll, aber nicht unersetzlich. Wir haben eine Rolle im Stück, aber nicht die Hauptrolle. Wir haben einen Gesangspart, sind aber nicht der Leadsänger.

Das ist Gott vorbehalten.

Er ist schon vor unserer Geburt wunderbar zurechtgekommen und er wird das auch nach unserem Tod. Mit ihm hat alles begonnen, er hält alles aufrecht und er wird alles zu einem strahlenden Abschluss bringen. Bis dahin haben wir diese große Freiheit: unsere persönlichen

Evereste aufzugeben; den Kick der doppelten Meile zu entdecken; Gutes zu tun, wofür wir nichts verlangen; uns Probleme vorzuknöpfen, denen andere aus dem Weg gehen; auf Sachen zu verzichten, unser Kreuz auf uns zu nehmen und Christus nachzufolgen.

Lincoln Hall hat den Abstieg vom Mount Everest überlebt. Dank Dan Mazur konnte er zu seiner Frau und seinen Söhnen in Neuseeland zurückkehren. Ein Fernsehreporter fragte Lincolns Frau, was sie von den Rettern hielt, den Männern, die ihren Traum aufgegeben hatten, um das Leben ihres Mannes zu retten. Sie versuchte zu antworten, doch die Worte blieben ihr im Hals stecken. Nach einer Weile und mit Tränen in den Augen meinte sie: „Solche Menschlichkeit ist schon gewaltig, von Dan Mazur und den anderen beiden. Die Welt braucht mehr solcher Leute."[28]

Lass uns zu solchen Menschen werden!

Tue jeden Tag etwas Gutes, ohne dass du dafür eine Belohnung erwartest!

Muntermacher für den Tag

Mach uns bewusst, wie kurz unser Leben ist,
damit wir endlich zur Besinnung kommen!
Psalm 90,12

Wenn heute dein letzter Tag im Leben wäre, wie würdest du ihn verbringen? Es ist zwar eine bittere Pille, uns so direkt mit dem Tod auseinanderzusetzen, aber den meisten von uns würde ein Löffel davon guttun. Auf jeden Fall kann uns eine kleine Erinnerung daran nicht schaden. Du findest das wahrscheinlich jetzt nicht so toll und ich erwähne es auch nicht so besonders gerne, aber wir sollten uns stets klar darüber sein: Wir haben heute einen Tag weniger zu leben als gestern.

Wenn heute dein letzter Tag wäre, würdest du so leben, wie du momentan gerade lebst? Oder würdest du mehr lieben, mehr geben, mehr vergeben? Dann nichts wie ran! Vergib und gib so, als wäre es deine letzte Chance. Liebe so, als gäbe es kein Morgen, und wenn du doch noch einen weiteren Tag geschenkt bekommst, dann tu's einfach wieder!

Kapitel 10

Gnade für Tage, an denen du Mist baust

Was der Dieb sieht. Feindliche Gesichter reihen sich Kopf an Kopf aneinander. Männer spucken angewidert, Frauen wenden sich voller Verachtung ab.

Was der Dieb hört. Hämmern. Soldaten stöhnen, als sie das Kreuz hochstemmen. Der untere Teil schlägt dumpf auf, als es in das Loch rutscht.

Was der Dieb fühlt. Schmerz. Alles durchdringenden, markerschütternden Schmerz. Jede Faser des Körpers brennt.

Was der Dieb hört. Stöhnen. Tod. Die schrillen Akkorde des Todes.

Schmerzen. Tod. Das ist alles, was er wahrnimmt. Doch dann sieht und hört der Dieb etwas anderes: „Vater, vergib diesen Menschen, denn sie wissen nicht, was sie tun" (Lukas 23,34).

Auf dem Schlachtfeld spielt eine Flöte. Vor die Wüstensonne zieht eine Regenwolke. Auf dem kargen Gebirgskamm blüht eine Rose.

Jesus betet an einem römischen Kreuz.

Und wie reagiert der Dieb? Mit Hohn. „Anderen hat er geholfen, aber sich selbst kann er nicht helfen! Wenn er wirklich der König Israels ist, dann soll er doch vom Kreuz herabsteigen ... Er hat ja behauptet: ‚Ich bin der Sohn Gottes'" (Matthäus 27,42-43).

Doch Jesus geht nicht auf den Hohn ein. Und der Dieb erlebt zum ersten Mal an diesem Tag (zum ersten Mal seit wie vielen Tagen?)

Freundlichkeit. Keine grausamen Blicke oder fletschende Zähne, sondern geduldige Milde.

Der Dieb wird sanfter. Er hört auf, über Jesus zu spotten, und versucht dann, den Spott der anderen zu stoppen. „Wir haben das hier verdient, aber nicht er", gibt er gegenüber dem Gauner am anderen Kreuz zu. „Er hat nichts Unrechtes getan" (siehe Lukas 23,41). Der Dieb spürt, dass er sich in der Nähe eines Mannes befindet, der auf dem Weg zum Himmel ist, und bittet darum, dass er ein gutes Wort für ihn einlegt: „Jesus, denk an mich, wenn du in dein Reich kommst" (Lukas 23,42).

>>Wir haben das hier verdient, aber nicht er.<<

Und Jesus, dessen Spezialität es war – und immer noch ist –, die Ausgestoßenen in sein Reich einzuladen, gibt diese unglaubliche Antwort: „Keine Sorge, mach ich. Heute noch wirst du mit mir im Paradies sein" (siehe Lukas 23,43).

Und damit traf dieser miese Tag eines bösen Mannes auf die gnädige Liebe eines Gottes, der ein riesengroßes Herz hat.

Was sieht der Dieb jetzt? Er sieht den Gott, der das Buch der Gnade schrieb. Den Gott, der Adam und Eva überredete, aus den Büschen hervorzukommen, und der Mose überredete, aus der Wüste herauszukommen. Den Gott, der Elija nicht aufgab, obwohl Elija Gott aufgegeben hatte. Diesen Gott erkennt der Dieb.

Was hört er? Er hört das, was der geflüchtete Mose in der Wüste hörte, was der deprimierte Elija in der Einsamkeit hörte, was die sturmgepeitschten Jünger nach der eingetretenen Stille hörten, was der Blinde hörte, als Jesus ihn auf der Straße fand. Er hört die offizielle Antwort Christi: Gnade. Unverdient und unerwartet. „Heute noch wirst du mit mir im Paradies sein" (Lukas 23,43).

Paradies. Der Zwischenstopp vor dem Himmel. Der Aufenthaltsort der Gerechten bis zur Wiederkunft Christi. Dort ist der Baum des Lebens. Dort sind die Heiligen. Dort ist Gott. Und jetzt wird der Dieb, dessen Tag in einer römischen Gefängniszelle begann, ebenfalls dort sein.

Mit Jesus. „Heute noch wirst du *mit mir* im Paradies sein." Kein Hineinschleichen durchs Hintertürchen. Keine Ankunft spät in der Nacht. Das Paradies kennt keine Nacht und auch keine Menschen zweiter Klasse. Der Dieb tritt geradewegs durchs Tor ins Paradies ein, und zwar auf Jesu rotem Teppich.

Heute. Unverzüglich. Keine Läuterung im Fegefeuer. Keine Reha im Hades. Gnade erstrahlt wie ein goldglänzender Sonnenaufgang und erhellt den dunklen Tag des Diebes. Der Hinrichtungshügel wird zu einem Berg der Verwandlung.

Vielleicht könntest du auch etwas davon gebrauchen. Die Fehler von gestern übernehmen die Rolle des römischen Todeskommandos: Sie begleiten dich hinauf auf das Golgatha deiner Schande. Gesichter aus deiner Vergangenheit bilden eine Reihe am Wegesrand. Stimmen verkünden deine schlechten Taten, während du vorbeiziehst:

Du hast deine Bildung vernachlässigt!

Du hast deinen Vater und mich angelogen!

Du hast versprochen, dich zu bessern!

Du wirst ans Kreuz deiner Fehler genagelt. Blöde Fehler. Was siehst du? Tod. Was fühlst du? Schuld. Was hörst du?

Ja, das ist die große Frage. Was hörst du? Kannst du bei dem ganzen Lärm deiner Ankläger noch Jesus hören? Er verspricht: „Heute noch wirst du mit mir im Paradies sein."

Heute. An diesem Tag. Mitten in dem ganzen Schlamassel, mitten im Schmerz vollbringt Jesus ein Wunder.

Austin Atkinson erlebte eines dieser Wunder am eigenen Leib. Wie der Dieb war er dem Tod ausgesetzt, sah ihn, hörte ihn, roch ihn. Doch genau wie der Dieb wurde er durch Gottes Gnade verschont.

Warum habe ich überlebt?

Von Austin Atkinson, nacherzählt von Christy Heitger-Casbon

Der Abend begann eigentlich ziemlich harmlos. Ich spielte zusammen mit einigen Freunden Videospiele. Dann tauchte mein Kumpel Pete* mit einer Ladung Wodka auf. Innerhalb von einer Stunde hatten wir uns alle ordentlich die Kante gegeben und unsere kleine „Party" war aus dem Ruder gelaufen.

Josh drehte die Musik auf und holte sein Feuerzeug hervor, damit wir alle „Feuer spucken" konnten. Einer nach dem anderen spuckte Wodka aus und versuchte dabei, ihn anzuzünden. Aber niemand bekam es hin.

Dann kam Josh auf die Idee, dass es doch cool wäre, einen Kreis zu bilden, Benzin in die Mitte zu gießen und einen „Feuerkreis" zu machen. Wir sahen zu, als er Benzin auf den Kies der Auffahrt schüttete.

„Hier drüben muss noch mehr hin!", rief ich und entriss Josh den Kanister. Dabei goss ich unachtsam Benzin auf mein T-Shirt und meine Hose.

„Mann, du stinkst!", alberte Pete herum.

Josh kniete sich auf dem Kies hin und klickte mehrfach sein Feuerzeug.

Es zündelte – und dann, *ssschhh*, unser Feuerring war geboren. Wir klatschten uns gegenseitig ab und feierten, indem wir eine weitere Flasche Alkohol öffneten. Ich war bereits stockbesoffen und pflanzte mich auf einen Stuhl.

„Ich hab eine geile Idee", sagte Josh.

Er goss Benzin über den Plastikstuhl neben mir. Im nächsten Moment hörte ich das Schnipsen seines Feuerzeugs und im Nu stand der Stuhl in Flammen.

Ich spürte die Hitze des Feuers und wollte aufstehen, um von dem brennenden Stuhl wegzukommen, doch da sah ich, dass die Flammen bereits meine bezindurchtränkten Klamotten entzündet hatten.

Vor Panik sprang ich auf und lief schreiend umher. In welche Richtung ich mich auch wandte, immer verfolgten mich die glühend heißen Flammen.

„Roll dich auf dem Boden!", schrie Josh.

Ich warf mich hin und rollte mich, so schien es mir, eine Ewigkeit. Dann hörte ich Josh rufen: „Schon gut, Mann! Das Feuer ist aus!"

So fühlte sich das für mich aber gar nicht an. Mir kam es so vor, als badete ich in einem Meer sprudelnder Lava. Das war das Letzte, woran ich mich erinnern konnte, ehe ich im Krankenhaus wieder zu mir kam.

Eine Krankenschwester erzählte mir, dass ich drei Wochen zuvor ins Krankenhaus eingeliefert worden war. 35 Prozent meines Körpers hatten Verbrennungen dritten Grades. Ich wusste, dass ich gewaltigen Mist gebaut hatte. Es war völlig bekloppt gewesen zu trinken und gleichzeitig mit Feuer zu spielen.

Neben regelmäßigen Besuchen meiner Eltern und anderer Freunde kam auch mehrmals eine Freundin vorbei, Michelle. Meist sprachen wir über Filme oder Musik. Aber eines Nachmittags schlug unsere Unterhaltung eine andere Richtung ein.

„Das wird schon wieder", sagte Michelle sanft.

„Woher weißt du das?", fragte ich.

„Ich habe für dich gebetet", sagte sie.

Peinliche Stille füllte das Zimmer.

„Austin, du wärst fast gestorben", sagte Michelle, nahezu im Flüsterton. „Aber Gott hat dir eine zweite Chance gegeben, eine Chance, ab jetzt bessere Entscheidungen zu treffen."

Durch die Physiotherapie besserte sich mein Zustand in den folgenden Monaten erheblich. Ich lernte wieder zu gehen, zu schreiben und sogar Auto zu fahren.

Am ersten Jahrestag des Unfalls parkte ich mein Auto vor Joshs Haus und saß einfach nur still da. Entsetzliche Bilder schossen mir durch den Kopf. Mein Magen krampfte sich zusammen und mein Körper zitterte, als ich versuchte, die Erinnerungen abzuschütteln.

Dann atmete ich einmal tief durch und betete. Ich dankte Gott für die zweite Chance und für mein neues Leben mit ihm. Mit einem Mal schmolzen meine Ängste dahin und ein Gefühl des Friedens erfüllte mich – die Art von Frieden, die nur Gottes Liebe geben kann.

*Namen wurden geändert.[29]

Als Austin glaubte, sein Leben sei zu Ende, schenkte Gott ihm einen Neuanfang – so fantastisch ist Gnade. Wenn andere dich ans Kreuz deiner Vergangenheit nageln, stößt er die Tür deiner Zukunft auf. Das Paradies. Jesus füllt deine Tage, in denen du Mist baust, mit Gnade.

Er nimmt deine Schuld von dir, wenn du es willst. Er wartet lediglich auf deine Bitte. Dazu genügen schon die Worte des Diebes: „Wir haben das hier verdient, aber nicht er – er hat nichts getan."

Wir haben unrecht – er hat recht.

Wir sündigen – er ist der Retter.

Wir brauchen Gnade – Jesus kann sie dir geben.

Wir brauchen Gnade. Jesus kann sie dir geben.

Also bitte ihn: „Denke an mich, wenn du in dein Reich kommst."

Tust du das, so wird derjenige, der auch damals schon gesprochen hat, erneut sprechen. „Noch heute wirst du mit mir im Paradies sein."[30]

Vielleicht hast du es gestern vergeigt. Du hast das Falsche gesagt, hast die verkehrte Richtung eingeschlagen, hast dich mit den falschen Leuten verabredet, hast falsch reagiert. Du hast gesprochen, wenn du hättest zuhören sollen, bist weggelaufen, wenn du hättest warten sollen, hast verurteilt, wenn du hättest vertrauen sollen, hast nachgegeben, wenn du hättest widerstehen sollen.

Du hast es gestern vergeigt. Aber du wirst noch mehr vergeigen, wenn du deine heutige Einstellung von den gestrigen Fehlern sabotieren lässt. Gottes Erbarmen ist jeden Morgen neu. Nimm sie an!

Lass dir die Wälder bei Cascade im amerikanischen Bundestaat Washington ein Beispiel sein. Einige der Bäume dort sind bereits Hunderte von Jahren alt, obwohl die typische Lebensspanne derartiger Bäume nur fünfzig bis sechzig Jahre beträgt. Einer dieser grünen Riesen ist sogar schon sieben Jahrhunderte alt. Was macht den Unterschied? Tägliche Regengüsse. Die starken Fluten halten den Boden feucht, die Bäume nass und machen die Blitze machtlos.[31]

Auch du wirst vom Blitz getroffen. Donnerschläge des Bedauerns können sich entzünden und dich verzehren, wenn du ihnen nicht mit Wolkenbrüchen der Gnade Gottes entgegenwirkst, mit täglichen Regenschauern der Vergebung. Einmal im Jahr reicht nicht. Einmal im Monat langt nicht. Wöchentlicher Regen lässt dich trocken bleiben. Dann ist die Brandgefahr noch immer viel zu hoch. Du musst jeden Tag tief durchdrungen werden von Gottes Liebe: „Die Gnade des Herrn nimmt kein Ende! Sein Erbarmen hört nie auf, jeden Morgen ist es neu" (Klagelieder 3,22-23).

Gottes Erbarmen ist jeden Tag neu.
Nimm es an. Jeden Morgen!

Muntermacher für den Tag

Das nächste Mal, wenn es mit deinem Tag bergab geht, kannst du gegensteuern. Lass dich von der Gnade Gottes durchdringen. Lass deinen Tag von seiner Liebe bestimmen. Umhülle deine Gedanken mit seinem Erbarmen. Er hat deine Rechnung bereits bezahlt, ist für deine Schuld aufgekommen. „An seinem eigenen Körper hat er unsere Sünden an das Kreuz hinaufgetragen" (1. Petrus 2,24).

Wenn du einem Freund gegenüber die Beherrschung verlierst, tritt Christus dazwischen: „Ich habe dafür bezahlt." Wenn du eine Lüge erzählst und der ganze Himmel aufstöhnt, meldet sich dein Retter zu Wort: „Mein Tod hat diese Sünde bedeckt." Inmitten deiner Schadenfreude, deinem Begehren oder Kritisieren steht Jesus vor dem Gericht des Himmels und zeigt auf sein blutverschmiertes Kreuz: „Ich habe bereits für diesen Fall vorgesorgt. Ich habe die Sünden der Welt auf mich genommen."

Mach dir klar, was er dir damit für ein Geschenk gemacht hat! Du hast den Hauptgewinn in der größten Lotterie der Menschheitsgeschichte gewonnen und brauchtest dir noch nicht mal eine Lottokarte zu kaufen! Deine Seele ist sicher; deine Rettung garantiert. Dein Name steht in dem einzigen Buch, auf das es wirklich ankommt. Du bist nur wenige Sandkörner in der Sanduhr von einer schmerzlosen Existenz, in der es keine Tränen geben wird, entfernt. Was willst du mehr?

Darüber nachdenken -
dass jeder Tag eine Chance verdient hat.

Diskussionsleitfaden

Kapitel 1:
Jeder Tag hat eine Chance verdient

1. Welche Dinge sind es, die dir wirklich den Tag versauen können?
2. Stell dir vor, jeder reagiert so auf schlechte Tage wie du, wie würde die Welt dann aussehen?
3. Gott sagt, wir sollen uns jeden Tag, den er geschaffen hat, „freuen und fröhlich sein" (Psalm 118,24). Wie kannst du es schaffen, dich selbst an schlechten Tagen zu freuen?
4. Inwieweit kann Gott einen schlechten Tag benutzen, um deinen Glauben zu stärken?
5. Wenn du siehst, dass jemand anderes im Schlamm eines miesen Tages feststeckt, was kannst du dann tun oder sagen, um demjenigen herauszuhelfen?

Kapitel 2:
Dankbarkeit für Tage, an denen einfach alles schiefgeht

1. Für welche Dinge in deinem Leben bist du besonders dankbar?
2. Welche Sachen gefallen dir am wenigsten in deinem Leben? Könnte sich deine Sichtweise auf diese Dinge vielleicht ändern, wenn du dich mehr auf Gottes Gnade konzentrieren würdest?

3. Wie wirken sich negative Gedanken auf deinen Tag aus? Darauf, wie viel Energie du hast? Auf dein Verhalten gegenüber anderen?
4. Gibt es Dinge an dir, die dir nicht gefallen? Wie sieht Gott diese Dinge deiner Meinung nach?
5. Was bedeutet es für dich, „jeden Gedanken, der sich gegen Gott auflehnt", zu zähmen und ihn dem Befehl von Christus zu unterstellen (2. Korinther 10,5)?

Kapitel 3:
Vergebung für Tage, an denen man dir übel mitspielt

1. Angenommen, Gott würde deinem Herzen gerade jetzt einen kleinen Besuch abstatten und sich umschauen, was würde er da finden? Gibt es Dinge, die du besser vorher klären solltest?
2. Gottes ultimatives Ziel besteht darin, dich Christus ähnlich zu machen. Hält dich etwas davon ab, ihm ähnlicher zu werden?
3. Wenn andere so vergeben würden, wie du vergibst, wie sähe das aus?
4. Hast du immer noch Schuldgefühle wegen etwas, was dir bereits vergeben worden ist? Was ist deiner Meinung nach der Grund dafür?
5. Wie fühlt es sich an, zu wissen, dass Gott seinen einzigen Sohn geopfert hat, damit dir vergeben werden kann?

Kapitel 4:
Ruhe für Tage, an denen dir alles über den Kopf wächst

1. Welche Dinge stressen dich und bereiten dir Sorgen?
2. Wie gehst du normalerweise mit Stress und Sorgen um?
3. Was hältst du von der Aussage, dass Gott „tägliche Bedürfnisse

täglich und auf wunderbare Weise" deckt? Wie könnte dir diese Aussage helfen, deine Sorgen Gott zu überlassen?

4. Könnte „weniger wollen" dich von einem Teil deines Stresses und deiner Sorgen befreien?

5. Gibt es irgendeine wirklich große Aufgabe, die dein Leben überschattet? Wie kannst du sie in überschaubarere Stücke aufteilen?

Kapitel 5:

Hoffnung für Tage, an denen eine Katastrophe die nächste jagt

1. Hat dich gerade irgendetwas aus der Bahn geworfen?

2. Wie kannst du dir von Gott helfen lassen, wieder ins Rennen zurückzukommen? Wie kannst du Gott ermöglichen, dich im Rennen zu halten?

3. Woran liegt es, dass man manchmal gerade dadurch auf Kurs kommt, dass man aus der Bahn geworfen wird?

4. Am Freitag seiner Kreuzigung waren 80 Prozent der Worte Jesu an Gott gerichtet. Wenn du einen schwierigen Tag hast, wie viel Prozent dieser Worte und Gedanken richtest du dann an Gott?

5. Denke an einen katastrophalen Moment aus deiner Vergangenheit. Kannst du jetzt sehen, dass Gott da trotzdem dabei war und seinen Plan verwirklicht hat?

Kapitel 6:

Treibstoff für Tage, an denen dein Akku leer ist

1. Gibt es bestimmte Situationen, Beziehungen oder Aktivitäten, die dich total leerpumpen?

2. Bei wem oder was tankst du wieder auf? Bei Gott?

3. Zu wem bringst du deine Probleme zuerst? Zu Gott? Falls nicht, warum nicht?
4. Was würde passieren, wenn du erst einmal über ein Problem beten würdest, bevor du versuchst, es in den Griff zu bekommen?
5. Glaubst du, dass Gott das Beste für dich will?
6. Beende diesen Satz: „Gott ist in der Lage, in meinem Leben ..."

Kapitel 7:
Glauben für Tage, an denen du zweifelst

Schreibe deine Gedanken zu den folgenden Aussagen auf:
1. Jesus kann helfen.
2. Jesus kümmert es.
3. Jesus kommt.
4. Was bedeutet dir der Satz: „Hab keine Angst, sondern glaube nur"?
5. Was sind die Drachen in deinem Leben?
6. Wie kann Gott diese Drachen für dich verjagen?
7. Wie fühlt es sich an, zu wissen, dass Gott auf dich zukommt, wenn du dich ihm zuwendest?

Kapitel 8:
Leidenschaft für Tage, an denen du keinen Plan hast

1. Gibt es wirklich so was wie einen Tag ohne Ziel? Fällt dir etwas ein, was du tun kannst, um Gott in diese scheinbar ziellosen Tage hineinzubringen?
2. Was glaubst du, welche Rolle Gott dir in seinem Reich zugedacht hat?
3. Bist du bei dieser Rolle mit ganzem Herzen dabei?
4. Denk an all die Erfahrungen, die du bis jetzt im Leben gesammelt

hast. Kannst du da eine bestimmte Richtung entdecken, in die Gott dich geführt hat?

5. Welche Nöte in deinem Umfeld gehen dir besonders unter die Haut? Könnte eine davon dein Kreuz sein, das du für Gott tragen sollst?

6. Wie kannst du deine von Gott gegebenen Talente und Fähigkeiten einsetzen, um diesen Nöten zu begegnen?

Kapitel 9:
Kraft für Tage, an denen eine Entscheidung ansteht

1. Welche wichtigen Entscheidungen musst du jetzt oder in naher Zukunft treffen?

2. Was hilft dir, Gott und anderen Menschen höhere Priorität einzuräumen als dir selbst?

3. Wie denkst du darüber, deine persönlichen Träume einem anderen Menschen zuliebe aufzugeben, wie Dan Mazur und Esther Kim es getan haben? Was würde dir leichter fallen: deinen Traum für einen Fremden oder einen Freund aufzugeben?

4. Was bedeutet es für dich, dass „der Geringste der Größte" ist?

5. Wie kannst du in deinem Leben die zweite Meile gehen?

6. Gibt es Möglichkeiten, dich darin zu üben, dir nicht zu fein für bestimmte Sachen zu sein?

Kapitel 10:
Gnade für Tage, an denen du Mist baust

1. Inwieweit bist du dem Dieb am Kreuz ähnlich?

2. In welchen Situationen bist du am stärksten auf die Gnade Jesu angewiesen?

3. Gibt es etwas, worüber du ein schlechtes Gewissen hast und das du Jesus abgeben solltest?

4. Warum ist es manchmal so schwierig, Gottes Gnade und Vergebung anzunehmen?

5. Was bedeutet die Zusage für dein Leben, dass Gottes Liebe nie endet?

Anmerkungen

Kapitel 1

1 Mein Dank an Judith Viorst und ihr Kinderbuch *Alexander und der abscheuliche, grässliche, mistige, eklige Tag*. Maier 1975.

2 John Whitson: „Teen's Gift Surprises, Inspires", *New Hampshire Union Leader*, 23. November 2006. Mit freundlicher Genehmigung der *New Hampshire Union Leader*.

Kapitel 2

3 Nach Rick Atchley: „When We All Get to Heaven". Predigt in der Richland Hills Church of Christ, North Richland Hills/Texas, am 25. Mai 2005. Originalquelle unbekannt.

4 Archibald Naismith: *2400 Outlines, Notes, Quotes, and Anecdotes for Sermons*. Baker Book House 1991, Nr. 1063.

Kapitel 3

5 Kyle McClure, nacherzählt von Chris Lutes: „I Was Being a Hypocrite", *Campus Life*, Nov/Dez 2001, hrsg. von Christianity Today International. Mit freundlicher Genehmigung. Nachzulesen unter: http://www.christianitytoday.com/iyf/2001/novdec/17.20.html.

6 Antwone Quenton Fisher: „I Once Was Lost". *Reader's Digest*, Juli 2001, S. 81-89.

Kapitel 4

7 John Haggai: *How to win over Worry: A Practical Formula for Successful Living*. Harvest House Publishers 1987, S. 14.

8 Geschichte von Katie Redner aus Suwanee, Georgia. Mit freundlicher Genehmigung.

9 Haggai: *How to Win over Worry*, S. 109.

10 Bob Russell: „Reinstated". In: *Favorite Stories from Bob Russell*. Bd. 5, CD-ROM. Southeast Christian Church in Louisville, Kentucky 2005.

11 William Osler, zitiert in Haggai: *How to Win over Worry*, S. 109.

Kapitel 5

12 Mike Wise: „Pushed Beyond the Limit". *Washington Post*, 30. August 2004, D01.

13 Mark Moring: „Why Me?" Campus Life, Sept/Okt 2000, hrsg. von Christianity Today International. Mit freundlicher Genehmigung. Nachzulesen unter: http://www.christianitytoday.com/iyf/2000/sepoct/12.72.html.

14 Römer 1,13; 1. Korinther 11,3; 1. Thessalonicher 4,13.

15 F.W. Boreham: *Life Verses: The Bible's Impact on Famous Lives*. Bd. 2. Kregel Publications 1994, S. 114-155.

Kapitel 6

16 Amy Adair: „Didn't God Care?" In: *Ignite Your Faith*, Sept/Okt 2005. Mit freundlicher Genehmigung. Nachzulesen unter: http://www.christianitytoday.com/iyf/2005/sepoct/4.26.html.

Kapitel 7

17 Veronica Morris: „Mom for a Day in Mozambique". In: *Youth with a Mission*, 13. März 2003. Mit freundlicher Genehmigung von *Jugend mit einer Mission*. Nachzulesen unter: http://www.ywam.org/News-Stories/sources/ywam_stories/mom_for_a_day_in_mozambique.

18 Sean Patrick Jackson, „Finding Jesus in the Face of Fear". In: *Sloppy Noodle*. Mit freundlicher Genehmigung. Nachzulesen unter: http://www.sloppynoodle.com/wp/finding-jesus-in-the-face-of-fearby-sean-patrick-jackson/.

19 Edward Beal: *1041 Sermon Illustrations, Ideas, and Expositions: Treasury of the Christian World*. Hrsg. von A. Gordon Nasby. Baker Book House 1976, S. 109.

Kapitel 8

20 Joanne Brokaw: „Seventh Day Slumber: Outsider No More". Mit freundlicher Genehmigung. Nachzulesen hier: www.joannebro-kaw.com.

21 Ich danke meinen Freunden John und Lisa Bentley, Michael Landon Jr. und Daniel Sharp, dass sie mir erlaubt haben, ihre Geschichte zu erzählen.

22 Katie Wampler: „Student Clicks with Seniors, Creates a Way to Help". *Noblesville Daily Times*. Mit freundlicher Genehmigung der *Noblesville Daily Times*.

Kapitel 9

23 „Miracle on Mount Everest", *Dateline NBC*, 25. Juni 2006. Nachzulesen unter: http://www.msnbc.msn.com/id/13543799.

24 Rubel Shelly: „Another Way to Win". Mit freundlicher Genehmigung.

25 Sheila Vaughen: „Niceville Kids Collect Gifts for Iraqi Kids". In: *Eglin Eagle*, 26. März 2004. Mit freundlicher Genehmigung.

26 Frederick Dale Bruner: *The Christbook: Matthew – A Commentary*. Word Publishing 1987, S. 210.

27 „Great Lakes / South Central Super Teens 2005". © *The Next Step Magazine*. Mit freundlicher Genehmigung. Nachzulesen unter: www.nextstepmagazine.com.

28 „Miracle on Mount Everest". *Dateline NBC*.

Kapitel 10

29 Austin Atkinson, nacherzählt von Christy Heitger-Casbon: „Why Did I Survive?" *Campus Life*, Nov/Dez 2006. Mit freundlicher Genehmigung. Nachzulesen unter: http://www.christianitytoday.com/iyf/truelifestories/ithappenedtome/10.42.html.

30 Ist dies das erste Mal, dass du vom Brunnen der Gnade Gottes trinkst? Falls ja, dann Gratulation! Du bist gerade eine Beziehung eingegangen, die sich auf die Ewigkeit auswirkt. „Und alle, die

an den Sohn Gottes glauben, haben das ewige Leben" (Johannes 3,36). Zu deinem neuen Lebensstart solltest du dir diese goldenen drei einprägen: Taufe, Bibel und Gemeinde. Die Taufe zeigt öffentlich, dass wir uns entschieden haben, Jesus nachzufolgen (siehe 1. Petrus 3,21). Regelmäßiges Bibellesen gibt dir Orientierung und inneren Halt wie ein Anker für die Seele (siehe Hebräer 4,12). Zugehörigkeit zu einer geistlichen Familie in Form einer Kirchengemeinde bietet uns die Möglichkeit, in Austausch mit Gottes Kindern zu treten (siehe Hebräer 10,25). Bitte Gott, dich zu einer Gruppe Menschen zu führen, die Christus nachfolgen und deine Taufe mit dir feiern, die dir beim Entdecken der Bibel helfen und deine geistliche Familie ist.

31 Gary L. Thomas: *Der heilige Hafen: Wie uns die Ehe näher zu Gott bringt.* R. Brockhaus Verlag 2009.